구원의 허리를 동이고
_성경이 가르치는 복음주의 구원의 길

구원의 허리를 동이고

—

1판 1쇄 인쇄 2014년 9월 5일
1판 1쇄 펴냄 2014년 9월 10일

지은이 김성원
펴낸이 한종호
디자인 임현주
인 쇄 예원프린팅

펴낸곳 꽃자리
출판등록 2012년 12월 13일
주소 서울시 종로구 돈의동 돈화문로 9길 14
전화 02-744-7464
전자우편 amabi@daum.net

ISBN 978-89-969898-6-8 03230
값 12,000원

구원의 허리를 동이고

성경이 가르치는 복음주의 구원의 길

김성원 지음

꽃자리

성경이 가르치는
복음주의 구원으로 허리를 동입니다

기독교의 구원에 대해 한 번에 명쾌하게 밝혀주는 책은 없을까? 이런 답답한 마음이 제게 있었습니다. 구원과 믿음에 관해 쓴 책들을 들춰보면서도 갈증은 여전히 가시지 않았습니다. 책마다 장점이 있고, 또 배우는 점도 많았지만, 한 호흡으로 기독교 구원의 길을 일목요연하게 설명해 주는 책을 찾기는 쉽지 않았습니다.

오늘날 구원에 대한 사람들의 생각이 혼란스러워지고, 점점 그러한 혼란이 커져가는 것을 자주 보게 됩니다. 이러한 모습들을 보면서 제 마음의 부담도 커져갔습니다. 이단 사설들이 늘어가고 있으며, 이제 저들은 버젓이 광고까지 하면서 잘못된 구원관을 교묘하게 가르치고 있습니다. 물론 우리에게는 성경이 있고 예수님이 계시지만, 저들도 성경을 이용하고 있습니다.

그래서 제가 무딘 펜을 들어 이 책을 쓰게 되었습니다. 한 호흡으로 읽어낼 수 있는 복음적 구원론 말입니다. 이 책은 저의 신학적 성찰과 함께 말씀의 묵상들을 담고 있습니다. 모태신앙으로 신앙생활을 해 오면서, 지난 30여 년간 신학을 공부하고 10여 년간 신학을 가르치면서, 그리고 말씀을 가르치고 또 신앙의 고민을 가지고 말씀 앞에서 시간을 보내면서 조금씩 깨닫게 된 복음적 구원의 도리를 설명해 보려고 했습니다. 부족하지만 저는 이 책이 성경이 가르치는 구원의 길을 보여주는 작은 이정표가 되리라고 믿습니다.

이 책은 성경공부 책으로 쓰여졌습니다. 복음주의 구원의 핵심적인 원리들을 구원, 죄, 회개, 믿음의 주제 별로 성경에서 찾아 설명하였습니다. 신학적으로는 복음주의 각 교단이 공통적으로 가르치는 구원의 원리들을 요약적으로 담았다고 할 수 있습니다. 복음주의는 16세기 독일의 종교개혁자 마르틴 루터가 성경 안에서 칭의의 은혜를 재발견함으로 시작되었습니다. 복음주의는 스위스 제네바의 종교개혁자 요한 칼뱅이 발견한 하나님의 주권적 은혜를 증거합니다. 그리고 복음주의는 17세기 독일 경건주의의 거듭남과 경건한 삶에 대한 헌신을, 그리고 18세기 영국의 존 웨슬리의 성화의 은혜를 증거합니다. 더 나아가 복음주의는 19-20세기에 교회가 체험한 성령님의 역사를 증거합니다. 저는 이러한 복음주의의 역사와 정신을 의식하며 집필에 임했습니다. 저자의 소망은 이 책이 복음주의 구원 이해에 관한 믿을 만한 입문서가 되었으면 하는 것입니다.

이 책을 쓰면서 저자는 "나는 네가 자라기를 원한다"고 말씀하시는 아버지 하나님의 마음을 다시 한 번 깨달을 수 있었습니다. 이제 제 자신을 포함하여 한국교회가 모두 함께 성숙하고 온전한 믿음을 향해 전진하기를 기도드립니다.

　이 책을 쓰는 동안 곁에서 기도와 내조로 함께 해준 아내 정진형과, 여름방학을 거의 아빠 없이 보내야 했던 희준, 희범, 희영에게 미안하고 감사합니다. 또 바쁘신 가운데서도 이 책의 원고를 읽고 좋은 추천사를 써 주신 고신대학교의 손봉호 교수님, 한국대학생선교회의 박성민 목사님, 국제전도훈련연구소의 하도균 교수님과 국제제자훈련원의 한태수 목사님께 감사를 드립니다. 그리고 시간의 제약 속에서도 이처럼 멋지고 읽기 좋은 책을 만들어 주시고 멋진 책 제목까지 선물해 주신 꽃자리 출판사의 한종호 목사님께 감사를 드립니다. 끝으로, 언제나 변함없는 은혜로 이 모든 과정을 인도해 주신 성삼위 하나님께 깊은 감사와 모든 영광을 올려 드립니다.

2014년 여름의 끝자락
서울신학대학교 연구실에서
김성원

이 책은 기독교 신앙의 핵심문제인 구원과 그와 관계 있는 죄, 회개, 믿음의 기본적인 핵심을 중요한 성경구절을 중심으로 매우 분명하고 간명하게 설명해 주고 있습니다. 철저히 복음적이면서도 한 쪽으로 치우치지 않고 믿음과 행위의 관계를 성경적으로 잘 정리해놓았습니다. 감정적이고 관념적인 신앙에 젖어 있는 한국교회의 많은 교인들이 읽으면 성경이 가르치는 구원이 어떤 것인가를 깨닫는 데 큰 도움이 될 것이라 믿습니다.

_**손봉호 교수** 고신대학교 석좌교수, 나눔국민운동본부 대표

무엇을 논하던 간에 가장 핵심적인 것은 방향성이며, 그 방향성은 어떤 질문을 던지느냐에 달려있습니다. 어떤 연구이던 간에 주제를 정하는데 있어 질문을 던지는 것으로부터 시작하는 것도 이 때문입니다. 핵심은 제대로 아는 사람만이 제대로 된 질문을 할 수 있으며, 질문은 사람들의 생각의 방향성을 주관하게 되는 것입니다.

저자는 먼저 이 시대에 '당연시'하고 있으나 '정확히' 알고 있지

못함으로 인해 이단들의 표적이 되고 있는 영역을 향해 '제대로 된 이해를 위한' 도전장을 내밉니다. 죄, 믿음 그리고 구원이라는 소위 기독교인들이 입에 달고 사는 단어들입니다.

저자는 명확한 이해를 위해 단순한 설명뿐 아니라 이해를 돕고자 핵심 질문의 형태로 글을 전개해 나갑니다. 각각 주제를 향한 답을 찾아가는데 있어 성경 안에서 머문다는 종교개혁자 칼뱅과 같은 접근법을 택하면서 말입니다. 성경의 범주 내에서 답을 찾아가는데 있어 저자의 성경에 대한 깊은 이해와 묵상을 엿볼 수 있습니다.

한마디로 말해 이 책은 저자의 영혼구원을 향한 열정과 관심이 응축된 작품이라고 할 수 있습니다. 그리고 더 나아가 저자의 삶을 통해 드러나고 있는, 젊은이들을 바로 세우고자 하는 간절한 원함과 깊은 뜻을 발견하게 만듭니다. 신앙 성숙을 향한 귀중한 도약을 이룰 수 있도록 돕는 이 책을 강력하게 추천합니다.

_박성민 목사 CCC 대표

거울 앞에 서야 자신의 모습이 보이듯 하나님 앞에 서야 자신의 실상이 보입니다. 하나님 앞에 선 자신은 죄의 세력에 끌려가다가 결국은 죽음에 이르는 구제 불능의 죄인이요, 영원한 멸망에 이르는 가련한 인생입니다.

인류의 최대 문제는 죄와 죽음의 문제입니다. 죄와 죽음으로부터 자유로운 사람은 아무도 없습니다. 모든 사람이 죄를 범하였으므로 하나님의 영광에 이르지 못하게 되었습니다. 이 실상을 깨달은 사람은 "어떻게 하여야 구원을 얻으리이까?" 묻지 않을 수 없습니다. 이 물음에 대한 분명하고 구체적인 대답을 해 주는 책이 발간되었기에, 이를 기뻐하며 축하합니다.

김성원 교수의 《구원의 허리를 동이고》는 인간의 가장 근본적인 믿음에 대해 명쾌한 대답을 해주고 있습니다. 그 대답을 사람들의 말이나 사상학문세계에서 해 주는 것이 아니라 하나님의 말씀을 통하여 구체적으로 증거해주고 있어 기쁘게 추천합니다.

수많은 종교 특별히 이단 사설들이 구원의 길을 흐리게 하는 상황 속에서 복음주의적 구원의 길을 명확하고 쉽게 설명해 주고 있

어 교회뿐만 아니라 학교에서도 성경공부 교재로 쓰기에 적합한 책
입니다. 귀한 책을 통하여 수많은 사람이 진정한 구원에 이르는 복
을 누릴 수 있으리라 믿으며 기쁘게 추천합니다.

이 책을 읽는 분마다 구원에 확신을 가지고 황홀한 구원의 감격
을 누리며 살아가기를 소원합니다.

_한태수 목사 국제제자훈련원 서울지역대표, 은평성결교회 담임목사

오늘날 한국교회가 처한 위기의 원인 중에 하나는 기독교를 기독
교 되게 만드는 '진리'에 관한 성찰과 고민이 사라져 간다는 점입니
다. 쉽게 믿고 신앙생활을 하려는 것이지요. 그러다 보니, 처음에 믿
는 것이 쉬웠지만 시간이 흐르면서 그 믿음은 신앙을 유지시켜주지
못하고 형식만 남게 되는 경향이 있어 왔습니다. 처음부터 그 믿음
은 신앙을 지탱시켜줄 만한 온전한 믿음이 아니었기 때문입니다.

바로 이러한 시점에서, 한국교회를 사랑하고 진리에 대한 고민과
성찰을 추구해 왔던 신학자 김성원 교수가 그 고민과 성찰의 결과

로 '구원'과 '믿음'에 관한 책을 펴냈습니다. 조직신학자가 한국교회를 사랑하는 마음으로 깊이 있는 신학이론과 현장을 연결시키려 노력한 것입니다. 이 책은 바로 이러한 점만으로도 충분히 가치가 있고 의미가 있습니다. 또한 오늘날 교회가 고민해야하고 다시 한 번 성찰해 보아야 할 기독교의 본질적인 주제를 다루었다는 점에서 무척 고무적입니다.

이 책은 기독교의 관문이라 할 수 있는 '구원'이라는 주제를 이론 신학자의 눈으로 날카롭게 분석하였습니다. 또한 그 구원을 이루는 '믿음'의 문제를 성경을 근거로 하여 예리하게 분석하여 실생활에 적용할 수 있도록 해놓았습니다. 이러한 내용은 오늘날 그리스도인들에게 도전을 주어 구원의 문제를 점검하게 하고, 또한 신앙의 동력이 되는 믿음을 점검하게 만들어 기독교를 다시 건강하게 재건(Rebuilding)해주는 역할을 감당할 수 있게 합니다.

기독교 역사를 보면, 기독교가 힘을 잃어간 시기는 기독교의 본질이 강조되지 못하고 형식이라는 껍데기만 남게 된 시기였다는 것을 알 수 있습니다. 한국의 기독교가 점점 힘을 잃어가면서 세상을 변화시킬 수 있는 능력을 잃어가는 이 시점에서, 김성원 교수가 집필한 이 책이 교회를 본질이라는 척도 안에서 점검하고, 또한 그리스도인들의 신앙을 점검하게 하여 다시 회복케 하는 공성추의 역할을 감당하기를 바라는 바입니다.

_**하도균 교수** 서울신학대학교 전도학 교수, 국제전도훈련연구소 소장

목차

제3장 예수님을 믿음

제 1 장

구원이란?

이 세상에 있는 수많은 단어 가운데 가장 중요한 하나를 꼽아보라고 한다면, 여러분은 어떤 단어를 선택하겠습니까? 어떤 사람은 "가족"이라 할 것이고, 어떤 이는 "사랑"을 꼽을 것이며, 또 어떤 이는 "성공" 혹은 "건강"이라고 말씀하겠지요? 물론 "애인" 혹은 "결혼"이라고 말할 사람도 있겠지요. 그런데 이 모든 것보다 더 중요한 단어가 있는데, 바로 "구원"이라는 단어입니다.

01

구원의 의미는?

"구원"이라는 말의 의미에 대해서는 다양한 해석과 이해가 있을 것입니다. 구원의 가장 넓은 의미는 어려움으로부터 벗어나는 것입니다. 인생에는 수많은 어려움이 있고 그 어려운 고비마다 우리는 구원의 길을 찾습니다. 기독교에서 말하는 구원의 의미도 이와 비슷한 뜻을 가지고 있습니다. 기독교는 인간이 처한 가장 깊은 곤경에서 벗어나는 길을 구원을 통해 보여주고 열어줍니다.

구원이 왜 중요합니까? 전체적인 맥락에서 인생을 볼 때 "구원"은 진정한 삶의 의미와 목적의 회복을 가져다주기 때문에 이 땅에서 영위하는 삶의 가치와 질을 결정합니다. 구원이 이렇게 임하는가에 따라 인간관계나 성공 심지어 가족까지도 영향을 받게 되겠지요. 그래서 구원이 중요한 것입니다. 또 구원이 중요한 다른 이유는 인간의 운명을 결정짓기 때문입니다. 죽음 이후에 오는 영원한 삶의 길을 결정하는 것이 바로 구원이기 때문입니다. 이 점에서 "구원이라는" 단어보다 더 무게 있는 단어는 없어 보입니다. 성공도 인간 관계도 심지어는 사랑이나 가족도 죽음 앞에서는 끝나는 것이지만, "구원"이라는 단어는 죽음을 넘어서 영원으로 이어지는 것이기에 말입니다.

이처럼 구원이 중요하다면 우리는 구원에 대해서 정확히 이해해야 할 필요가 있습니다. 하지만 안타깝게도 구원에 대한 수많은 개인적인 의견과 잘못된 가르침이 있어왔습니다.

이 책에서 우리는 성경말씀을 중심으로 기독교가 가르치는 구원의 길을 정확히 정리해 볼 것입니다. 서문에서도 말씀드렸지만 구원의 길을 밝혀주는 가장 중요한 자료는 성경입니다. 그렇다면 성경은 구원을 어떻게 설명하고 있습니까?

1) 구약성경의 구원

구원의 의미를 찾기 위해 먼저 구약성경을 열어봅니다.[1] 구약성경은 수많은 사람이 하나님을 의지하여 여러 가지 고난과 위험으로부터 구원받은 사실들을 기록하고 있습니다. 몇 가지 예를 들어 보겠습니다. 구약성경에서 하나님의 구원을 가장 분명하게 그리고 가장 놀랍게 보여준 사건이 바로 출애굽 사건(Exodus)이었습니다. 출애굽은 애굽 즉 이집트에서 노예생활을 하던 이스라엘 백성들이 이집트를 탈출한 사건을 말합니다. 당시 강대국이었던 이집트의 권력과 군사력에 저항하면서 이스라엘 백성들이 그 나라를 떠나 가나안 땅으로 이주한 사건은 역사적으로 볼 때도 대사건이었습니다. 그 일을 가능하게 했던 것은 하나님과 예언자 모세였습니다. 하나님은 모세를 세우시고 초자연적인 사건들을 통해서 이스라엘 백성을 노예생활에서 구원하셨습니다. 그리고 하나님과 이스라엘 백성은 광야에서 서로 언약을 맺게 됩니다. 이 언약의 내용은 하나님은 이스라엘의 하나님이 되고 이스라엘은 하나님을 섬기는 민족이 되기로 약속한 것입니다. 출애굽사건은 역사적, 정치적 구원의 사건이지만, 동시에 이스라엘 백성이 하나님의 백성이 된 영적인 사건이기도 했습니다.

구약성경을 통해 보이는 하나님의 구원은 전쟁에서 승리를 가져다주는 것으로도 이해됩니다. 모세의 지도 아래 하나님의 백성이 된 이스라엘 민족은 모세를 이은 지도자 여호수아의 지휘 아래 가나안 땅을 정복하고 그곳에 이스라엘 국가를 건설합니다. 그리고 새로운 나라 이스라엘을 둘러싼 부족이나 국가가 싸움을 걸어오면 하나님께서는 사사(재판관, Judge)라고 불리는 지도자를 세워 이스라엘을 인도하셔서 전쟁에서 승리하게 하고 독립을 지키도록 도와주셨습니다.

이러한 하나님의 구원은 개인에게도 드러났습니다. 대표적인 예로 다윗은 한낱 목동에 지나지 않았으나 하나님을 신뢰하고 하나님의 법을 지켰기 때문에 승승장구하여 이스라엘의 장군이 될 수 있었고, 사울왕이 전쟁에서 죽음을 당한 후에는 마침내 이스라엘의 왕이 됩니다. 다윗은 일생을 통해 자신을 구원하시는 하나님을 체험했습니다. 목동이었을 때 양들을 지키기 위해 들짐승과 싸울 때, 하나님을 비방하는 용사인 골리앗과 싸울 때, 사울왕의 시기와 질투로 인해 도망 다닐 때 그리고 왕이 된 후 반역의 무리에게 쫓길 때마다 하나님은 그를 구원하셨습니다. 그래서 다윗은 하나님을 자신의 인생의 구원자로 노래합니다.

> 내게 주신 모든 은혜를 내가 여호와께 무엇으로 보답할까 내가 구원의 잔을 들고 여호와의 이름을 부르며 여호와의 모든 백성 앞에서 나는 나의 서원을 여호와께 갚으리로다(시편 116:12-14).

하지만 이스라엘 민족은 하나님을 섬기겠다는 약속을 저버리고 하나님을 떠나 다른 신을 섬기기 시작했습니다. 그 결과 그들은 도덕적으로도 타락하게 되었습니다. 하나님은 예언자를 통해 이스라엘 민족에게 계속 경고하셨지만 그들은 하나님의 경고를 무시했고, 결국 벌을 받아야 했습니다. 이스라엘 국가는 북부 이스라엘과 남부 유다로 분단되었고, 이 두 나라 모두가 외세의 침략으로 모두 멸망해 버렸던 것입니다. 심지어 이들 백성 중에는 머나먼 이방의 땅 바벨론으로 끌려가기도 했습니다. 나라가 멸망하고 포로 생활을 해야 하는 어려운 시기가 닥치자 많은 이스라엘 사람들은 다시 하나님을 찾기 시작했습니다. 이들은 하나님과 맺었던 약속을 다시 기억하면서, 그들의 잘못을 고백하고 하나님의 구원을 기다리게 되었습니다. 이들은 이스라엘 국가의 독립과 하나님의 통치의 회복을 기다렸습니다. 그리고 메시야, 즉 구원자가 오실 것을 기다렸습니다. 그들이 이처럼 자신의 죄를 뉘우치자 하나님께서는 메시야를 보내실 것을 반복해서 약속하게 됩니다.

2) 신약성경의 예수님이 보여주신 구원

　신약성경의 전체 내용은 이스라엘이 기다리던 메시아가 예수님임을 증거합니다. 다시 말해서 이스라엘 백성이 대망하던 구원이 예수님을 통해 주어졌음을 증거하고 있습니다. 또한 예수님의 삶과 죽음과 부활을 통해 구원이 무엇인지를 가장 잘 보여 주었습니다. 그러면 예수님의 삶과 죽음이 보여주신 구원은 어떤 것입니까?

　첫째로 예수님의 출생은 구원이 하나님과 인간이 함께 하는 것임을 보여주셨습니다. 성경은 예수님이 원래 하나님의 아들이시며 창조주 하나님이시고, 또한 세상을 구원할 구세주 메시아요 그리스도이심을 가르칩니다.[2] 이 그리스도께서 연약한 피조물인 한 인간으로 이스라엘에 태어나셨습니다. 이것을 기독교는 육신이 되셨다는 의미에서 성육신이라고 부릅니다.[3] 성육신은 인간과 끝까지 함께 하시겠다는 하나님의 사랑과 의지의 표현이었습니다. 마태복음 1장 23절은 예수님의 출생에 관해 이렇게 예언하고 있습니다.

　보라 처녀가 잉태하여 아들을 낳을 것이요 그의 이름은 임마누엘이라 하리라 하셨으니 이를 번역한즉 하나님이 우리와 함께 계시다 함이라.

　예수님의 이름이 가진 뜻은 "하나님은 구원이시다"입니다. 그런데 이 본문은 예수님의 다른 이름이 임마누엘(Immanuel)이라고 가르쳐 줍니다. 임마누엘은 번역하면 "하나님이 우리와 함께 계시다"는 말입니다.

　둘째로 예수님이 가르치고 행하신 것들은 구원이 인간을 짓누르고 있는 모든 고통으로부터 해방시키는 것임을 보여줍니다. 마태복음 11장 28절에서 예수님은 "수고하고 무거운 짐 진 자들아 다 내게로 오라 내가 너희를 쉬게 하리라"고 말씀하셨습니다. 이 말씀을 듣고 수많은 사람이 수많은 문제를 가지고 예수님을 찾아왔습니다. 그러자 예수님은 그들 인생의 무거운 짐을 내려 주셨습니다. 그리고 병든 사람들을 낫게 해주셨습니다. 그리고 죄악으로 고통 받는 사람들을 용서해 주셨습니다. 외로움으로 고통 받는 사람들을 찾아가 친구가 되어주셨으며 사회적으로나 종교적으로 소외된 사람들을 어루만져 주셨습니다. 특기할 것은 예수님께서는 귀신을 쫓아내시고 귀신들린 사람들을 해방시켜 주셨다는 것입니다. 이것은 예수님이 가져오신 해방의 구원이 영적인 해방까지도 포함하는 전인적인(holistic) 해방이었음을 나타내는 것입니다.

　셋째로 예수님께서 십자가에서 죽으신 것은 구원이 인간의 죄를 용서하고 해결하는 것임을 보여줍니다. 누가복음 22장 19-20절 말씀은 예수님이 유대인 지도자들에게 체포당하기 직전에 제자들과 식사를 하시면서 하신 특별한 말씀을 기록하고 있습니다.

떡을 가져 감사기도 하시고 떼어 그들에게 주시며 이르시되 이것은 너
희를 위하여 주는 내 몸이라 너희가 이를 행하여 나를 기념하라 하시고
저녁 먹은 후에 잔도 그와 같이 하여 이르시되 이 잔은 내 피로 세우는
새 언약이니 곧 너희를 위하여 붓는 것이라.

이는 바로 예수께서 당신의 죽음이 사람들의 구원을 위해 대신
죽는 대속과 속죄의 죽음임을 말씀하신 것입니다.[4] 유대인들은 대
속과 속죄의 죽음에 대해 너무도 잘 알고 있었습니다. 그들이 천년
이상을 드려온 구약시대의 제사가 다름 아니라 짐승을 잡아 하나님
께 드림으로 자신들의 죄를 사함 받는 대속적 제사였기 때문입니
다. 히브리서 9장 11-14절은 예수님의 죽음이 인간의 죄를 속하기
위한 대속적인 죽음임을 너무도 분명하게 설명하고 있습니다.

그리스도께서는 장래 좋은 일의 대제사장으로 오사 손으로 짓지 아니한
것 곧 이 창조에 속하지 아니한 더 크고 온전한 장막으로 말미암아 염소
와 송아지의 피로 하지 아니하고 오직 자기의 피로 영원한 속죄를 이루
사 단번에 성소에 들어가셨느니라 염소와 황소의 피와 및 암송아지의
재를 부정한 자에게 뿌려 그 육체를 정결하게 하여 거룩하게 하거든 하
물며 영원하신 성령으로 말미암아 흠 없는 자기를 하나님께 드린 그리
스도의 피가 어찌 너희 양심을 죽은 행실에서 깨끗하게 하고 살아 계신

하나님을 섬기게 하지 못하겠느냐 이로 말미암아 그는 새 언약의 중보자시니 이는 첫 언약 때에 범한 죄에서 속량하려고 죽으사 부르심을 입은 자로 하여금 영원한 기업의 약속을 얻게 하려 하심이라.

이 본문의 내용은 예수님이 영원한 대제사장으로 이 세상에 오셨고, 짐승의 피가 아니라 자기 자신의 피로써 하나님께 영원한 속죄의 제사를 드렸다는 것을 알려줍니다. 이 영원한 제사는 죄가 없으신 예수님이 성령님으로 말미암아 드린 제사이므로 모든 사람들의 죄 값을 치르시기에 충분하다는 것입니다. 따라서 예수님을 통해서 사람들은 하나님의 죄 용서하심을 얻게 되고 그 양심을 깨끗하게 하고 하나님을 섬길 수 있다는 것입니다. 그렇습니다. 예수님을 통한 속죄, 이것이 기독교가 보여주는 구원의 가장 중요한 의미입니다.

넷째로 예수님의 부활은 구원이 죽음을 이기고 영원한 생명을 얻는 것임을 보여줍니다. 예수님께서 죽으시고 무덤에 장사지낸 후 3일 째 되는 날 부활했다는 소식은 모든 사람에게 충격이었습니다. 제자들마저 처음에는 그 사실을 믿지 못했습니다. 하지만 부활하신 예수님이 제자들을 찾아오셔서 그들과 만나심으로 제자들이 그것을 믿게 되었습니다. 이를 통해 예수님은 단지 한 사람의 성인이나 선지자가 아니라, 진정 전능하신 하나님의 아들이심을 모두가 깨닫게 되었습니다. 그리고 이 부활을 통해 예수님은 모든 믿는 사람들에게도 부활과 영생의 문을 열어놓으셨다는 것을 그들은 알게 되었습니다. 고린도전서 15장 20-22절은 "그러나 이제 그리스도께서 죽은 자 가운데서 다시 살아나사 잠자는 자들의 첫 열매가 되셨도 다 사망이 한 사람으로 말미암았으니 죽은 자의 부활도 한 사람으로 말미암는도다 아담 안에서 모든 사람이 죽은 것 같이 그리스도 안에서 모든 사람이 삶을 얻으리라"고 증거합니다. 예수님의 부활은 우리의 부활의 시범 케이스라는 것입니다. 이는 아담의 죄로 인해 모든 인류가 벌을 받고 죽음을 당하게 되었듯이, 예수님으로 인해서 모든 죽은 자들이 부활하게 된다는 사실을 말합니다.

다섯째로 구원은 만물의 회복입니다. 로마서 8장 19-22절의 말씀은 이렇게 기록하고 있습니다.

피조물이 고대하는 바는 하나님의 아들들이 나타나는 것이니 피조물이 허무한 데 굴복하는 것은 자기 뜻이 아니요 오직 굴복하게 하시는 이로 말미암음이라 그 바라는 것은 피조물도 썩어짐의 종노릇 한 데서 해방되어 하나님의 자녀들의 영광의 자유에 이르는 것이니라 피조물이 다 이제까지 함께 탄식하며 함께 고통을 겪고 있는 것을 우리가 아느니라.

이 구절을 이해하려면 먼저 우리는 창세기 3장 17절에서 인간의 죄로 인해서 자연이 함께 저주받은 것을 기억해야 할 것입니다.

땅은 너로 말미암아 저주를 받고 너는 네 평생에 수고하여야 그 소산을 먹으리라 땅이 네게 가시덤불과 엉겅퀴를 낼 것이라.

그 이후로 피조물들은 하나님의 아들들이 나타날 것을 고대하고 있습니다. 피조물, 즉 자연이 바라는 것은 부패로부터 벗어나 하나님의 자녀들이 얻은 영광의 자유를 얻는 것입니다. 자연도 하나님의 구원에 참여하리라는 것입니다.

여섯째로 예수님의 대위임 명령은 구원이 만인들을 위한 것임을 보여줍니다. 마태복음 28장 18-20절은 예수님의 지상명령을 기록하고 있습니다.

예수께서 나아와 말씀하여 이르시되 하늘과 땅의 모든 권세를 내게 주셨으니 그러므로 너희는 가서 모든 민족을 제자로 삼아 아버지와 아들과 성령의 이름으로 세례를 베풀고 내가 너희에게 분부한 모든 것을 가르쳐 지키게 하라 볼지어다 내가 세상 끝날까지 너희와 항상 함께 있으리라 하시니라.

이것을 우리는 흔히 대명령 혹은 대위임(Great Commission)이라 부릅니다.[5] 예수님께서는 모든 민족에게로 가서 세례를 베풀고 예수님의 제자로 삼으라고 명령하십니다. 이 명령을 통해서 우리는 구원이 모든 민족, 즉 모든 사람을 위해 마련된 것임을 깨달을 수 있는 것입니다.

3) 예수님의 구원의 강조점

신약성경에서 예수님이 보여주신 구원을 이해하는 것에 있어 우리가 주목해야 할 한 가지 특징이 있습니다. 그것은 예수님께서 인간의 영혼 구원에 강조점을 두셨다는 사실입니다. 마가복음 8장 34-37절은 이렇게 기록하고 있습니다.

무리와 제자들을 불러 이르시되 누구든지 나를 따라오려거든 자기를 부인하고 자기 십자가를 지고 나를 따를 것이니라 누구든지 자기 목숨을 구원하고자 하면 잃을 것이요 누구든지 나와 복음을 위하여 자기 목숨을 잃으면 구원하리라 사람이 만일 온 천하를 얻고도 자기 목숨을 잃으면 무엇이 유익하리요 사람이 무엇을 주고 자기 목숨과 바꾸겠느냐.

여기에 나온 목숨은 이중의 의미로 쓰입니다. 앞의 목숨은 이 땅에서의 목숨이고 뒤의 목숨은 영원한 생명입니다. 다시 말하자면 이 본문의 의미는 우리가 이 땅의 목숨을 위해 살면 영원한 생명을 잃어버리게 되며, 이 땅의 목숨을 포기하면 영원한 생명을 얻는다는 것입니다. 온 천하를 얻는 것은 이 땅에서의 성공입니다. 그러나 목숨을 잃는다는 것은 영원한 생명을 가지지 못하고 이 땅에서 끝나는 것입니다. 같은 구절을 우리는 요한복음 12장 25절에서 더욱 분명한 표현으로 발견할 수 있게 됩니다.

자기의 생명을 사랑하는 자는 잃어버릴 것이요 이 세상에서 자기의 생명을 미워하는 자는 영생하도록 보전하리라.

앞에서 소개한 마가복음 8장의 성경본문의 문맥은 십자가를 지는 것입니다. 예수님은 십자가를 지고 죽으실 계획을 제자들에게 공개하셨습니다. 그러자 제자들은 눈에 쌍심지를 켜고 예수님의 계획에 반대했습니다. 그들이 생각할 때 이스라엘의 독립을 이루실 구원자가 죽는다는 것은 상상할 수 없는 일이었을 것입니다. 또 예수님이 권력을 잡으시면 그 좌우편에서 함께 나라를 다스릴 야망을 가지고 있었던 그들에게 예수님의 계획은 마른하늘에 날벼락과도 같았을 것입니다. 그래서 그들은 예수님에게 대들었습니다. 그때 예수님께서는 앞의 구절들을 말씀하셨습니다. 여기에서 예수님의 사역의 초점이 분명히 드러납니다. 그것은 사람들로 하여금 영원한 생명을 얻게 하는 것입니다. 예수님께서 이 땅에 사시면서 사람들의 삶을 변화시키고 치유하시는 데 많은 노력을 기울이신 것도 사실입니다. 그러나 예수님의 사역의 결론은 십자가였습 니다.예수님께서는 사역의 후반에 이 땅에서 왕국을 건설하는 것보다 영원한 생명의 나라를 건설하시기 위해 영적인 사역에 집중하셨던 것입니다.[6]

그리고 보면 우리는 예수님이 영생을 강조하신 것을 사복음서에서 자주 발견할 수 있습니다. 마태복음 18장 8절에서 주님은 말씀하셨습니다.

만일 네 손이나 네 발이 너를 범죄하게 하거든 찍어 내버리라 장애인이나 다리 저는 자로 영생에 들어가는 것이 두 손과 두 발을 가지고 영원한 불에 던져지는 것보다 나으니라.

이 땅에서 건강하게 살다가 죄인으로 죽어서 지옥에 갈 바에는 이 땅에서 건강을 잃더라도 선한 사람으로 영원한 생명을 얻는 것이 낫다고 예수님은 말씀하십니다. 이것이 믿음의 최종적인 목표입니다. 베드로전서 1장 8-9절의 말씀처럼 말입니다.

예수를 너희가 보지 못하였으나 사랑하는도다 이제도 보지 못하나 믿고 말할 수 없는 영광스러운 즐거움으로 기뻐하니 믿음의 결국 곧 영혼의 구원을 받음이라.

예수님을 믿는 성도들은 영광스러운 즐거움으로 기뻐합니다. 왜냐하면 믿음의 목표, 믿음의 최종적인 결과는 영혼의 구원, 즉 영원한 생명이기 때문입니다.

지금까지 성경에 구원이 어떻게 나타나 있는가를 살펴보았습니다. 이를 통해 드러난 논의를 이제 정리해 보겠습니다. 신구약 성경을 통해 보면 하나님의 구원은 인생과 역사의 전 영역에서 다양한 형태로 나타나고 있습니다. 구원은 신약에 와서 예수님을 통해 온전히 드러나고 제시되고 있습니다.

예수님이 주신 구원은 일곱 가지 특성을 가지고 있습니다. 첫째, 구원은 하나님의 사랑의 표현이며, 하나님의 동행의 회복입니다. 둘째, 구원은 삶의 육신적이고 영적인 많은 질병과 고통으로부터의 해방입니다. 셋째, 구원은 죄의 문제를 해결하는 것입니다. 넷째, 구원은 영원한 생명을 얻는 것입니다. 다섯째, 구원은 만물의 회복입니다. 여섯째, 구원은 모든 민족을 위해 준비된 것입니다. 일곱째, 영혼의 구원, 즉 영원한 생명이 구원의 핵심입니다.

이러한 내용을 바탕으로 우리는 성경이 가르치는 구원의 의미를 다음과 같이 정의해 볼 수 있습니다. "구원은 하나님께서 예수님을 통하여 인간과 만물을 죄로부터 해방하여 관계를 회복시키시며, 영원한 생명을 주시는 것"이라고 말입니다. 너무나 당연한 일이지만 이 정의는 구원의 주체를 하나님, 그리고 예수님으로 명시합니다. 다른 한 편으로 구원의 초점인 영원한 생명을 중심으로 다시 구원을 정의해 본다면, "구원은 인간의 영혼이 예수님을 통해서 죄로부터 해방되어 하나님과의 교제와 영원한 생명으로 회복되며, 또한 삶의 모든 영역과 만물이 죄로부터 해방되는 것"이라고 정의할 수 있습니다.

구원을 얻는 방법은?

1) 구약의 율법을 통한 구원

구약성경은 구원을 받는 방법으로 하나님의 율법을 제시하고 있습니다.[7] 하나님의 율법을 지키면 구원을 받을 수 있다는 것입니다. 신명기 28장에서 하나님의 종 모세는 하나님의 율법을 지키는 사람이 받게 될 엄청난 복을 다음과 같이 가르치고 있습니다. 긴 본문이지만 한 번 함께 읽어보시면 큰 은혜가 될 것입니다.

네가 네 하나님 여호와의 말씀을 삼가 듣고 내가 오늘 네게 명령하는 그의 모든 명령을 지켜 행하면 네 하나님 여호와께서 너를 세계 모든 민족 위에 뛰어나게 하실 것이라 네가 네 하나님 여호와의 말씀을 청종하면 이 모든 복이 네게 임하며 네게 이르리니 성읍에서도 복을 받고 들에서도 복을 받을 것이며 네 몸의 자녀와 네 토지의 소산과 네 짐승의 새끼와 소와 양의 새끼가 복을 받을 것이며 네 광주리와 떡 반죽 그릇이 복을 받을 것이며 네가 들어와도 복을 받고 나가도 복을 받을 것이니라 여호와께서 너를 대적하기 위해 일어난 적군들을 네 앞에서 패하게 하시리라 그들이 한 길로 너를 치러 들어왔으나 네 앞에서 일곱 길로 도망하리라 여호와께서 명령하사 네 창고와 네 손으로 하는 모든 일에 복을 내리시고 네 하나님 여호와께서 네게 주시는 땅에서 네게 복을 주실 것이며 여호와께서 네게 맹세하신 대로 너를 세워 자기의 성민이 되게 하시리니 이는 네가 네 하나님 여호와의 명령을 지켜 그 길로 행할 것임이라 땅의 모든 백성이 여호와의 이름이 너를 위하여 불리는 것을 보고 너를 두려워하리라 여호와께서 네게 주리라고 네 조상들에게 맹세하신 땅에서 네게 복을 주사 네 몸의 소생과 가축의 새끼와 토지의 소산을 많게 하시며 여호와께서 너를 위하여 하늘의 아름다운 보고를 여시사 네 땅에 때를 따라 비를 내리시고 네 손으로 하는 모든 일에 복을 주시리니 네가 많은 민족에게 꾸어줄지라도 너는 꾸지 아니할 것이요 여호와께서 너를 머리가 되고 꼬리가 되지 않게 하시며 위에만 있고 아래에 있지 않게 하시리니 오직 너는 내가 오늘 네게 명령하는 네 하나님 여호와의 명령을 듣고 지켜 행하며 내가 오늘 너희에게 명령하는 그 말씀을 떠나 좌로나 우로나 치우치지 아니하고 다른 신을 따라 섬기지 아니하면 이와 같으리라(신명기 28장 1-14).

대략 열일곱 가지로 정리할 수 있는 이 복들은 당시 사람들에게 필요했던 복입니다. 그들이 생각할 수 있는 모든 복을 열거하고자 한 것이 분명합니다. 본문은 하나님의 전인적인 구원이 율법을 순종하는 사람에게 주어질 것이라는 사실을 분명히 가르칩니다.

　다른 한 편, 신명기 28장은 하나님의 율법을 지키지 않는 사람들에게 미칠 하나님의 심판을 제시하며 경고하고 있습니다. 이 경고의 내용 역시도 우리가 상상할 수 있는 거의 모든 재앙을 총망라하고 있습니다. 읽어보기만 해도 우울증에 빠질 정도로 수많은 재앙 가운데서 15-20절 사이의 몇 가지 재앙만 읽어보도록 하겠습니다.

　네가 만일 네 하나님 여호와의 말씀을 순종하지 아니하여 내가 오늘 네게 명령하는 그의 모든 명령과 규례를 지켜 행하지 아니하면 이 모든 저주가 네게 임하며 네게 이를 것이니 네가 성읍에서도 저주를 받으며 들에서도 저주를 받을 것이요 또 네 광주리와 떡 반죽 그릇이 저주를 받을 것이요 네 몸의 소생과 네 토지의 소산과 네 소와 양의 새끼가 저주를 받을 것이며 네가 들어와도 저주를 받고 나가도 저주를 받으리라 네가 악을 행하여 그를 잊으므로 네 손으로 하는 모든 일에 여호와께서 저주와 혼란과 책망을 내리사 망하며 속히 파멸하게 하실 것이며 여호와께서 네 몸에 염병이 들게 하사 네가 들어가 차지할 땅에서 마침내 너를 멸하실 것이며 여호와께서 폐병과 열병과 염증과 학질과 한재와 풍재와 썩는 재앙으로 너를 치시리니 이 재앙들이 너를 따라서 너를 진멸하게 할 것이라.

　이처럼 구약성경은 하나님의 율법에 기초한 구원관을 전개하고 있습니다. 하나님의 율법을 지키고 따르는 자들은 구원을 받고, 하나님의 율법을 무시하고 불순종하는 자들은 저주를 받는 것입니다.

그러나 안타깝게도 이스라엘 백성들은 지도자부터 백성에 이르기까지 하나님의 율법에 불순종하게 됩니다. 비록 다윗왕은 하나님의 율법에 순종하여 큰 축복을 받고 이스라엘 왕국을 강대국으로 만들었지만, 그 아들 솔로몬왕은 자신의 지혜를 믿고 도덕적으로 방탕하였고, 이방여인들을 첩으로 맞이했습니다. 그리고 이들을 통해 이방종교가 이스라엘에 만연하게 되었습니다. 그 결과 솔로몬이 세상을 떠난 후에 이스라엘 왕국은 하나님의 벌을 받아 북부의 이스라엘과 남쪽의 유다왕국으로 갈라지게 되었습니다. 그 이후에도 역대의 왕들은 거의 예외 없이 하나님께 불순종하는 세속적인 지도자의 길을 걸었습니다. 그 결과 북이스라엘은 앗수르 제국에게 멸망당하고, 남유다는 바벨론에게 멸망당하고 말았습니다. 다시 말해, 율법을 통해서 하나님의 구원을 받는 길은 이스라엘 민족의 불순종으로 인해 실패하고 말았던 것입니다.

2) 신약의 예수님을 통한 구원

신약성경은 구약의 실패한 율법주의를 넘어서는 새로운 구원의 방법을 제시하고 있습니다. 이 방법은 바로 예수님을 통해 구원을 얻는 방법입니다. 성경 전체가 예수님을 구원의 길로 제시하고 있지만, 그 중에서도 특히 요한복음은 예수님 자신의 말씀을 통해서 예수님이 구원자이심을 잘 밝혀주고 있습니다. 요한복음 10장 9절에 보면, "내가 문이니 누구든지 나로 말미암아 들어가면 구원을 받고 또는 들어가며 나오며 꼴을 얻으리라"고 예수님은 말씀하십니다. 이 본문에서 예수님은 자신을 양들이 드나드는 문으로 비유하시면서 사람들이 자신을 통해 구원을 받게 되는 사실을 밝히신 것입니다. 또 요한복음 14장 6절은 "예수께서 이르시되 내가 곧 길이요 진리요 생명이니 나로 말미암지 않고는 아버지께로 올 자가 없느니라"고 기록하고 있습니다. 예수님은 당신 자신이 하나님께로 오는 유일한 길이라고 말씀하신 것입니다.

사도행전 4장 11-12절에 보면 베드로 사도가 동일한 증거를 하고 있습니다.

이 예수는 너희 건축자들의 버린 돌로서 집 모퉁이의 머릿돌이 되었느니라 다른 이로써는 구원을 받을 수 없나니 천하 사람 중에 구원을 받을 만한 다른 이름을 우리에게 주신 일이 없음이라 하였더라.

베드로는 예수님을 구원의 유일한 길로 제시하고 있습니다. 사도 바울도 디모데전서 1장 15절에서 다음과 같이 고백합니다.

미쁘다 모든 사람이 받을 만한 이 말이여 그리스도 예수께서 죄인을 구원하시려고 세상에 임하셨다 하였도다.

그리스도께서 구원자로 이 땅에 오셨음을, 그리고 이 말씀은 모든 사람이 믿을 수 있는 말씀인 것을 바울도 고백하고 있습니다.

그러면 예수님이 보여주신 구원의 길은 구체적으로 어떤 것입니까? 바로 대속(代贖, atonement)의 길입니다. 예수께서는 우리 인간이 받아야 할 죄의 결과, 즉 저주를 대신 받으심으로 우리가 용서받을 수 있도록 하신 것입니다. 우리의 죄 값을 대신 치르신 것입니다.

한 사람의 죄 값을 다른 사람이 대신 치른다는 것은 오늘날 우리에게 좀 생소해 보일 수도 있습니다. 물론 재산상의 손해 같은 것들은 다른 사람이 대신 갚아줄 수도 있고, 보석(保釋, bail) 제도가 있는 경우는 재판을 받기 위해 갇혀 있는 사람을 일시적으로 풀어주도록 대신 돈을 지불해 줄 수도 있습니다. 그러나 감옥살이나 사형과 같은 형벌을 대신 받는 것은 우리의 법 관행에 없는 일이기 때문에 생소할 것입니다. 예를 들어 아버지가 범죄를 했는데 아들이 감옥살이를 한다든지, 친구를 대신해서 사형을 당한다든지 하는 일은 일어나지 않습니다. 이는 범죄자들이 벌을 받지 않고 빠져나갈 수 있기 때문에 제도적으로 막고 있습니다.

그러나 법을 만드시는 하나님께서는 사랑으로 대신 형벌을 받을 수 있도록 허락해 주셨습니다. 그리고 이러한 형벌대속의 원리를 이해하고 익숙하도록 오랫동안 이스라엘 백성들을 교육해 오셨습니다. 바로 구약성경의 레위기에 기록된 제사법을 통해서 말입니다. 하나님은 제사장을 세울 때 짐승을 잡아 하나님께 드리도록 명령하셨습니다. 또 하나님은 사람들이 하나님께 나올 때 짐승을 잡아 하나님께 드리도록 하셨습니다. 그리고 하나님은 사람들이 죄를 사함 받고자 할 때 짐승을 잡아 하나님께 드리도록 하셨습니다. 짐승의 생명을 대신 희생함으로써 하나님의 용서를 받고 하나님께 나아올 수 있도록 하신 것입니다.

사람들이 짐승을 잡기 전에 먼저 해야 할 일이 있었습니다.

> 너는 수송아지를 회막 앞으로 끌어오고 아론과 그의 아들들은 그 송아 지 머리에 안수할지며(출애굽기 29:10).

아론과 그 아들들은 제사장으로 임명되고 일하기 전에 송아지의 머리에 안수해야 했습니다. 이것은 그들의 죄악과 허물을 그 짐승 에게 씌우는 상징적이고 법적인 행위였습니다.

> 만일 족장이 그의 하나님 여호와의 계명 중 하나라도 부지중에 범하여 허물이 있었는데 그가 범한 죄를 누가 그에게 깨우쳐 주면 그는 흠 없는 숫염소를 예물로 가져다가 그 숫염소의 머리에 안수하고 여호와 앞 번 제물을 잡는 곳에서 잡을지니 이는 속죄제라(레위기 4:22-24).

이 본문은 족장들이 그들의 죄를 하나님께 용서받기 위해서는 숫 염소의 머리에 안수하여 자신의 죄를 짐승에게 전가했음을 가르쳐 줍니다. 마찬가지로 백성도 자신의 죄를 사함받기 위해서는 암염소 의 머리에 안수하고 잡아서 제물로 하나님께 드려야 했습니다(레위기

4:29). 이와 같이 하나님께서는 우리의 죄를 용서받는 방법으로 다른 생명이 벌을 받고 희생하는 대속의 길을 교육해 오셨습니다.[8]

예수님이 인류 모두의 죄를 짊어지시고 이 대속의 제물이 되셨다는 사실을 신약성경의 히브리서는 명확히 설명하고 있습니다. 예수님이 행하신 이 놀라운 대속의 죽음을 히브리서 9장 11-15절은 이렇게 말씀하고 있습니다.

> 그리스도께서는 장래 좋은 일의 대제사장으로 오사 손으로 짓지 아니한 것 곧 이 창조에 속하지 아니한 더 크고 온전한 장막으로 말미암아 염소와 송아지의 피로 하지 아니하고 오직 자기의 피로 영원한 속죄를 이루사 단번에 성소에 들어가셨느니라 염소와 황소의 피와 및 암송아지의 재를 부정한 자에게 뿌려 그 육체를 정결하게 하여 거룩하게 하거든 하물며 영원하신 성령으로 말미암아 흠 없는 자기를 하나님께 드린 그리스도의 피가 어찌 너희 양심을 죽은 행실에서 깨끗하게 하고 살아 계신 하나님을 섬기게 하지 못하겠느냐 이로 말미암아 그는 새 언약의 중보자시니 이는 첫 언약 때에 범한 죄에서 속량하려고 죽으사 부르심을 입은 자로 하여금 영원한 기업의 약속을 얻게 하려 하심이라

조금 까다롭지만 찬찬히 읽어보면 예수님의 대속적 사역이 분명하게 드러나는 본문입니다. 예수님은 이제 짐승의 피가 아니라 당신 자신이 흘리신 피로 한 번의 영적인 속죄 제사를 하나님께 드림으로 인간의 죄 값을 치르시고 인간으로 하여금 영원한 기업의 약

속, 즉 영원한 구원의 약속을 얻게 하셨다는 것입니다.

그리고 예수님이 드리신 이 속죄의 제사는 한 번, 그리고 영원히 우리의 죄의 문제를 해결해 주셨다고 히브리서 10장 11-14절은 증언합니다.

제사장마다 매일 서서 섬기며 자주 같은 제사를 드리되 이 제사는 언제나 죄를 없게 하지 못하거니와 오직 그리스도는 죄를 위하여 한 영원한 제사를 드리시고 하나님 우편에 앉으사 그 후에 자기 원수들을 자기 발등상이 되게 하실 때까지 기다리시나니 그가 거룩하게 된 자들을 한 번의 제사로 영원히 온전하게 하셨느니라.

매일 서서 제사를 드리는 제사장들과 달리, 또 죄를 지을 때마다 매번 죄사함을 위해서 드려야 하는 속죄의 제사와 달리 예수 그리스도께서는 자신의 희생으로 드린 한 번의 영원한 제사를 통해서 우리를 영원히 온전케 하셨다는 것입니다!

그러면 예수님의 제사는 왜 이처럼 다른 제사와 달리 영원한 제사가 될 수 있었을까요? 히브리서는 예수님의 유일성을 다음과 같이 설명합니다. 첫째, 예수님은 승천하신 하나님의 아들이십니다 (4:14). 둘째, 우리 인간을 누구보다 깊이 공감하시는 분이십니다. 그러므로 그분은 우리의 죄와 허물의 조건을 깊이 아파하시는 참된 제사장이 되십니다(4:14-15). 셋째, 예수님은 하나님께 온전히 순종하신 분으로 대제사장의 자격이 있으십니다(5:7-9). 넷째, 예수님은 아론의 후손이 아니라, 영원한 멜기세덱의 계열의 대제사장이십니다 (5:11). 다시 말해서 죄인의 혈통에서 나신 분이 아니라 영원한 멜기세덱의 계보에 계신 분입니다.[9] 다섯째, 예수님은 영원히 살아계심으로 다른 제사장이 승계할 필요가 없습니다(7:24). 여섯째, 예수님은 이 땅에서 사람들이 만든 장막(텐트) 성소에서 섬기지 않고 그 원형인 하늘의 성소에서, 하나님 앞에서 섬기시는 분이십니다(8:1-5, 9:24).[10] 일곱째, 예수님은 하나님이 새우신 새로운 언약의 중보자로 섬기십니다(8:6). 여덟째, 예수님은 영원하신 성령으로 제사를 드리셨습니다(9:14). 예수님은 이처럼 온전하시고 영원하신 제사장이십니다. 그래서 당신이 드린 제사는 하나님의 거룩하신 속죄의 기준을 모두 만족시키셨으며, 모든 죄악을 대속하실 수 있었던 것입니다.

그러면 우리는 예수님의 이 제사에 어떻게 힘입어 구원을 얻을 수 있을까요? 히브리서 10장 19-22절은 우리에게 이것을 가르쳐 줍니다.

그러므로 형제들아 우리가 예수의 피를 힘입어 성소에 들어갈 담력을 얻었나니 그 길은 우리를 위하여 휘장 가운데로 열어 놓으신 새로운 살 길이요 휘장은 곧 그의 육체니라 또 하나님의 집 다스리는 큰 제사장이 계시매 우리가 마음에 뿌림을 받아 악한 양심으로부터 벗어나고 몸은 맑은 물로 씻음을 받았으니 참 마음과 온전한 믿음으로 하나님께 나아가자.

성소는 하나님이 임재하시는 거룩한 방입니다. 예수님이 열어놓으신 구원의 길은 마치 성소의 입구에 있는 장막을 열어서 모든 사람이 성소에 들어가도록 하신 것과 같습니다. 이것은 비유가 아닙니다. 예수님께서 십자가에서 돌아가시는 순간 예루살렘 성전이 흔들리고 성소의 휘장이 찢어졌습니다.

> 예수께서 큰 소리를 지르시고 숨지시니라 이에 성소 휘장이 위로부터 아래까지 찢어져 둘이 되니라(마가복음 15:37-38).

예수님은 진실로 우리에게 구원의 통로, 하나님께로 가는 통로를 열어주신 것입니다. 이제 우리가 해야 할 것은 이 새로운 산 길을 통해서 하나님께 나아가는 것입니다. 성경은 이제 예수님의 피를 우리 마음에 뿌림으로 악한 양심에서 벗어나고 참 마음과 온전한 믿음으로 하나님께 나아가라고 우리에게 말씀합니다. 예수님을 의지하고 지성소로 들어가는 것, 이것을 우리는 회개와 믿음이라고 부릅니다.[11] 다음 장에서는 구원받는 회개와 믿음이 무엇인지를 살펴보려고 합니다.

로마서 8장 28-30절은 우리가 구원을 받는 순서를 보여주고 있는 하나의 본문입니다.

우리가 알거니와 하나님을 사랑하는 자 곧 그의 뜻대로 부르심을 입은 자들에게는 모든 것이 합력하여 선을 이루느니라 하나님이 미리 아신 자들을 또한 그 아들의 형상을 본받게 하기 위하여 미리 정하셨으니 이는 그로 많은 형제 중에서 맏아들이 되게 하려 하심이니라 또 미리 정하신 그들을 또한 부르시고 부르신 그들을 또한 의롭다 하시고 의롭다 하신 그들을 또한 영화롭게 하셨느니라

이 말씀을 보면 하나님은 하나님의 뜻, 즉 목적에 따라서 사람들을 부르십니다. 그리고 이 부르심을 입은 사람들에게는 하나님의 뜻이 이루어지게 됩니다. 하나님께서는 미리 아신 사람들을 예수님의 형상을 본받는 사람들이 되도록 미리 정하셨습니다. 하나님께서는 미리 정하신 사람들을 부르셨습니다. 그리고 부르신 사람들을 의롭다 하십니다. 그리고 하나님께서는 그들을 영화롭게 하십니다.

신학에서는 이러한 구원의 순서를 구원의 서정(order of salvation)이라는 주제로 진지하게 연구하고 있습니다. 위 본문에 나온 순서

들을 신학적 용어로 정리해 본다면, 먼저, 하나님의 목적은 크게는 작정(作定, foreordination), 작게는 예정(選擇, predestination)이라고 부르며, 하나님이 미리 아심은 예지(豫知, foreknowledge)라고 합니다. 미리 정하심은 선택이라고(election)이라고 말합니다. 부르심은 소명(召命, calling), 의롭다하심은 앞에서도 소개한 것처럼 칭의(稱義, justification)라고 합니다. 끝으로 영화롭게 하는 것은 성화(聖化, sanctification) 그리고 영화(榮化, glorification)라고 부릅니다. 이러한 용어들을 사용해서 위 본문의 구원의 순서를 적어보면 다음과 같습니다.

예지 〉 예정 〉 선택 〉 소명 〉 칭의 〉 성화 〉 영화의 순서로 우리의 구원이 진행되는 것입니다. 위 본문에는 나와 있지 않으나 성경 전체가 강조하는 회개와 믿음이 있는데 이 단계를 흔히 회심(回心, conversion)이라고 합니다. 그 외에도 구원의 결과인, 하나님의 양자됨(養子, adoption) 거듭남 중생(重生, regeneration, born-again)의 단계들이 있습니다. 이들 단계들을 포함하여 설명하자면 예지 〉 예정 〉 선택 〉 소명 〉 회심(회개와 믿음) 〉 칭의/중생/양자됨 〉 성화 〉 영화의 순서로 설명할 수 있습니다. 여기에서 칭의와 중생과 양자됨은 동시에 일어나는 사건으로 보통 이해되고 있습니다.

이 구원의 순서를 가르치는데 있어서 복음주의 교단에 따라서 강조점이 조금씩 다릅니다. 예를 들어, 종교개혁가 요한 칼뱅의 입장을 따르는 장로교회는 구원에 있어서 하나님의 주권을 강조하기 때문에 하나님의 작정과 예정을 강조하며, 회심을 이해하는데 있어서도 회개와 믿음이 비록 인간의 응답이기는 하지만 동시에 하나님께서 주신 선물임을 강조합니다. 또한 성화의 과정에서 하나님의 은혜의 능력을 강조합니다. 예를 들어, 사도행전 13장 48절은 "이방인들이 듣고 기뻐하여 하나님의 말씀을 찬송하며 영생을 주시기로 작정된 자는 다 믿더라"고 기록하면서 구원에 있어서 하나님의 주권적인 예정을 나타내고 있습니다.

다른 한편, 존 웨슬리의 신학입장을 따르는 감리교회나 성결교회 등에서는 하나님께서 인간에게 요구하시는 믿음의 응답을 강조하기 때문에 예지의 교리와 회심을 강조하며, 더 나아가 성화의 과정에 있어서 인간의 책임성 있는 노력을 강조합니다. 그런데 이 경우에 성화의 노력은 율법주의적인 인간의 선행을 의미하는 것은 아니고, 성령님의 역사에 대한 응답적인 협력을 의미합니다. 예를 들어 위에서 인용한 로마서 8장 29절 말씀에 보면 미리 아신 자들을 부르셨다고 하시며 구원의 부르심에 있어서 하나님의 예지가 역사하고 있음을 가리키고 있습니다. 다시 말하면 인간의 자유의지의 응답에 대한 하나님의 선(先)지식을 가리키는 것으로 볼 수 있는 것입니다. 이것은 기독교를 모든 것이 다 결정되어 있다는 결정론(決定論, determinism), 혹은 숙명론(宿命論, fatalism)과 구별되게 합니다. 또한 빌립보서 1장 29절 말씀은 "이를 위하여 나도 내 속에서 능력으로 역사하시는 이의 역사를 따라 힘을 다하여 수고하노라"며 성령님의 역사에 따라 응답하는 믿음의 행위를 가르치고 있습니다.

그리고, 이러한 성령님의 역사에 대한 강조점이 가장 두드러지는 교단이 오순절 교단입니다. 오순절 교단은 거듭남, 즉 중생이 성령님의 역사라는 것을 명확히 밝히며, 구원이 개념이나 생각의 변화가 아니라 성령님의 역사로 인한 영적이고 본질적인 변화임을 강조합니다. 그리고 성화의 과정에 있어서도 성령님의 체험적 역사와 성령님이 주시는 은사들의 중요성을 강조합니다.

이처럼 구원의 과정과 순서에 있어서 교단마다 강조점의 차이가 있으나 복음주의 교회들이 공통적으로 고백하는 것이 있습니다. 그것은, 구원은 오직 하나님의 은혜로 말미암는 것이라는 사실입니다. 종교개혁자들이 강조한 것처럼, 구원의 주권은 오직 하나님께 있습니다. 이것이 복음주의의 공통적인 고백입니다. 인간은 스스로를 구원할 수 없고, 하나님의 구원 역사를 도울 수도 없습니다. 다만, 인간은 그 은혜에 응답할 수 있을 뿐입니다. 인간의 믿음이 구원을 만들어 내는 것이 아닙니다. 인간은 하나님의 구원의 은혜와 부르심을 받기로 믿음으로 결단할 뿐입니다.

물론, 신앙생활을 해보면 우리의 강한 의지의 결단이 필요하며, 또 많은 절제와 수고와 희생이 필요한 것도 사실입니다. 그래서 사람들은 반 진담으로, "믿기만 하면 된다더니 왜 이렇게 헌금도 많고 교회 갈 일도 많고 힘들다"고 말하기도 합니다. 단지 교회 오래 다녔기 때문에 이렇게 헌금하고 집회에 출석하고 봉사한다면 너무나 힘들 것입니다. 그러나 이러한 노력들도 전적인 성령님의 역사에 대해 우리가 응답하고 따르는 것이지 우리의 능력으로 되어지는 것이 아닙니다. 교회봉사가 힘들다면 기도할 때라고 할 수 있습니다. 기도를 통해 하나님의 은혜와 능력을 받아야 한다는 말입니다.

그러기에 인간의 응답성과 자유의지의 책임성을 강조한 존 웨슬리도 하나님의 은혜를 강조했습니다. 하나님의 은혜로 우리의 이해력이나 의지가 부분적으로 회복되었기 때문에 우리는 회개도 할 수 있고 믿음을 가질 수 있습니다. 하나님의 은혜로 죄의 사슬에서 풀려났기 때문에 우리는 사랑할 수 있고 또 거룩한 삶을 추구할 수 있습니다. 웨슬리는 그것을 선행은총(先行恩寵, prevenient grace)이라고 불렀습니다. 선행은총은 우리 앞에서 행하시는 은혜, 우리를 먼저 회복시켜 주시는 은혜를 말합니다. 그러므로 교단적인 강조점의 차이에도 불구하고 구원을 이루시는 하나님의 은혜에 대한 고백에 있어서 복음주의는 일치합니다.

그러기에 어떤 복음주의 신학자는 복음주의가 강조하는 인간의 노력과 선행을 가톨릭이 강조하는 신인협동의 교리와 구별하여 "복음적 협동(Evangelical Synergism)"이라고 부르기도 합니다. 하나님의 복음의 능력으로 인해서 비로소 우리가 하나님께 협력할 수 있다는 것입니다. 다시 말해서 우리가 하나님의 은혜에 응답하는 것도 하나님의 은혜에 힘입은 것이며, 우리가 하나님께 순종하는 것도 하나님의 은혜의 능력으로 하나님께 순종하는 것입니다. 복음적인 선행과 율법적인 선행의 차이에 대해서는 3장 믿음에 관한 설명에서 더욱 자세히 배우게 될 것입니다.

고린도전서 15장 10절에 기록된 사도바울의 고백은 그가 이러한 전적인 은혜의 삶을 살았음을 우리에게 알려 주고 있습니다.

그러나 내가 나 된 것은 하나님의 은혜로 된 것이니 내게 주신 그의 은혜가 헛되지 아니하여 내가 모든 사도보다 더 많이 수고하였으나 내가 한 것이 아니요 오직 나와 함께 하신 하나님의 은혜로라.

그는 모든 사도보다 더 많이 수고하였습니다. 그가 다닌 선교여행의 여정을 보면, 또 그가 받은 박해와 고난을 보면 우리는 절로 고개가 숙여집니다. 심지어 그가 1차 선교여행을 가서 구브로, 즉 오늘날의 사이프러스를 종주하고 소아시아의 밤빌리아에 이를 때 이미 그는 병을 앓고 있었습니다. 그는 복음을 전하기 위해 로마의 군대도 들어가지 못하는 깊은 내륙으로 서슴지 않고 들어갔습니다. 그러나 이 모든 수고가 하나님의 은혜의 능력으로 가능했다는 것을 바울은 분명히 고백하고 있습니다. 아니, 그 자신의 삶 전부가 하나님의 은혜로 되어졌다는 것을 고백하고 있는 것입니다. 이것이 복음주의의 모습입니다. 오직 은혜입니다.

제2장

죄를 회개함

우리를 가장 힘들게 하는 것이 무엇입니까? 인간 관계입니까? 질병입니까? 가난입니까? 죽음입니까? 성경을 읽어보면 이 모든 것보다 우리를 힘들게 하는 것이 죄라는 것을 알게 됩니다. 죄는 우리 인생의 모든 아름다운 순간들을 악몽으로 만들어 버립니다. 죄는 무엇입니까? 그 참혹한 결과는 무엇입니까? 그리고 우리는 죄를 씻기 위해서 무엇을 해야 합니까?

죄란 무엇인가?

성경은 인간이 하나님의 구원을 받지 못하는 분명한 한 가지 이유를 죄라고 가르칩니다. 하나님과 인간의 관계를 단절시키고, 하나님의 구원의 역사가 우리에게 미치지 못하도록 하는 것이 죄입니다. 이사야 59장 1-2절과 11절은 이것에 관하여 말씀하고 있습니다.

여호와의 손이 짧아 구원하지 못하심도 아니요 귀가 둔하여 듣지 못하심도 아니라 오직 너희 죄악이 너희와 너희 하나님 사이를 갈라놓았고 너희 죄가 그의 얼굴을 가리어서 너희에게서 듣지 않으시게 함이니라… 우리가 곰 같이 부르짖으며 비둘기 같이 슬피 울며 정의를 바라나 없고 구원을 바라나 우리에게서 멀도다.

이 본문은 하나님과 인간의 사이를 갈라놓는 것이 죄라는 사실을 분명히 가르치고 있습니다. 죄는 하나님의 얼굴을 가리어 우리의 말을 듣지 않으시게 합니다. 우리가 곰처럼 울부짖어도, 우리가 비둘기처럼 애처롭게 울며 하나님의 구원을 구할지라도 죄를 품고 있는 한 우리는 하나님의 구원을 누리지 못합니다.

죄란 무엇입니까? 그리고 왜 죄는 우리에게 또 하나님에게 문제가 되는 것입니까? 우리가 죄를 짓는 이유는 무엇입니까? 죄는 언제부터 우리에게 있는 것입니까? 죄를 짓지 않을 방법은 없습니까?

성경이 가르치는 죄는 사회에서 말하는 죄와 다른 것입니다. 우리는 이 장에서 죄에 대한 중요한 물음들을 다루어 보려고 합니다. 먼저 죄가 무엇인지를 알기 위해서 함께 창세기로 가보십시다. 거기에서 우리는 인류 최초의 범죄사건을 보게 됩니다.

1) 죄의 본질

창세기 3장에 기록된 인류 최초의 범죄사건은 우리에게 죄에 대한 기본적인 이해를 제공해 줍니다. 이 사건을 분석해 보면 우리는 죄가 무엇인지를 알 수 있습니다. 먼저 창세기 2장 16-17절을 보면 하나님께서 아담에게 알려주신 하나님의 법을 알 수 있습니다.

여호와 하나님이 그 사람에게 명하여 이르시되 동산 각종 나무의 열매는 네가 임의로 먹되 선악을 알게 하는 나무의 열매는 먹지 말라 네가 먹는 날에는 반드시 죽으리라 하시니라.

이 본문에서 우리는 두 가지 기본적인 사실을 발견합니다. 첫째, 하나님의 명령, 즉 하나님의 법이 우리에게 주어져 있다는 사실입니다. 하나님은 인생에게 축복과 함께 명령을 주셨습니다. 하나님은 아담에게 생명을 주셨고, 강이 흐르는 아름다운 에덴동산을 조성하여 그에게 주셨습니다. 하나님은 그에게 에덴동산의 풍성하고 다양한 나무열매들을 먹거리로 주셨고, 각종 동물들의 이름을 지으며, 모든 것들을 다스리도록 일감을 주셨으며, 배필인 이브까지 주셨습니다. 이와 함께 하나님은 아담에게 특별한 명령을 주셔서 이를 지키도록 하셨습니다. 그 명령은 특정한 나무열매, 즉 선악을 알게 하는 나무의 열매를 먹지 말라는 것이었습니다. 그리고 하나님은 이 명령과 함께 경고의 말씀을 덧붙이셨습니다. 그것을 먹으면 반드시 죽게 될 것이라고 말입니다.

둘째로, 우리는 아담이 자유의지를 가졌다는 사실을 이 명령에서 알 수 있습니다. 하나님께서 아담에게 명령을 주셨고 경고의 말씀을 주셨다는 사실은 아담이 그것을 지킬 수도 있고 지키지 않을 수도 있다는 것을 의미합니다. 만일 하나님께서 아담에게 자유의지를 주시지 않았다면, 그래서 본능 속에 프로그램 되어 그 열매는 먹지 않도록 입력되어 있다면 하나님의 명령은 실제로는 의미가 없을 것입니다. 아담은 선악과를 먹을 수도 있고 먹지 않을 수도 있는 자유의지를 가졌기 때문에, 하나님께서는 최초의 인간에게 경고가 붙어 있는 명령을 주신 것입니다.

그런데 어떤 일이 일어납니까? 불행하게도 선악과를 먹는 사건이 일어납니다. 창세기 3장 1-7절은 그것을 다음과 같이 기록하고 있습니다.

그런데 뱀은 여호와 하나님이 지으신 들짐승 중에 가장 간교하니라 뱀이 여자에게 물어 이르되 하나님이 참으로 너희에게 동산 모든 나무의 열매를 먹지 말라 하시더냐 여자가 뱀에게 말하되 동산 나무의 열매를 우리가 먹을 수 있으나 동산 중앙에 있는 나무의 열매는 하나님의 말씀에 너희는 먹지도 말고 만지지도 말라 너희가 죽을까 하노라 하셨느니라 뱀이 여자에게 이르되 너희가 결코 죽지 아니하리라 너희가 그것을 먹는 날에는 너희 눈이 밝아져 하나님과 같이 되어 선악을 알 줄 하나님이 아심이니라 여자가 그 나무를 본즉 먹음직도 하고 보암직도 하고 지혜롭게 할 만큼 탐스럽기도 한 나무인지라 여자가 그 열매를 따먹고 자기와 함께 있는 남편에게도 주매 그도 먹은지라 이에 그들의 눈이 밝아져 자기들이 벗은 줄을 알고 무화과나무 잎을 엮어 치마로 삼았더라.

이 본문에서 우리는 인류의 범죄가 어떻게 시작되는지를 보게 됩니다. 그리고 죄와 관련된 기본적이고 중요한 사실들을 계속하여 발견하게 됩니다.

셋째, 인간을 범죄로 이끄는 간교한 뱀이 있습니다. 뱀은 성경에서 사탄(Satan), 즉 타락한 천사의 다른 이름으로 나옵니다. 성경에서는 사탄을 마귀(Devil)로 부르기도 하고 용이라고도 부르고 뱀이라고도 부릅니다. 요한계시록 20장 2절은 "또 내가 보매 천사가 무저갱의 열쇠와 큰 쇠사슬을 그의 손에 가지고 하늘로부터 내려와서 용을 잡으니 곧 옛 뱀이요 마귀요 사탄이라 잡아서 천 년 동안 결박하여"라고 기록하고 있습니다. 붙잡히고 심판당하는 용은 곧 옛 뱀이요 마귀요 사탄입니다. 창세기 본문에서 잘 나타나는 것처럼 사탄은 인간을 속이고 유혹하여 인간이 하나님의 명령을 어기고 하나님을 배반하게 하는 악한 일을 하는 존재입니다.[12]

예수님이 오신 것은 이 뱀의 악행을 저지하고 그 영향으로부터 인간을 구원하기 위해서 오신 것입니다. 요한일서 3장 8절은 이렇게 기록하고 있습니다.

죄를 짓는 자는 마귀에게 속하나니 마귀는 처음부터 범죄함이라 하나님의 아들이 나타나신 것은 마귀의 일을 멸하려 하심이라.

마귀는 처음부터 범죄한 자입니다. 그리고 예수님이 오셔서 하신 일은 마귀의 일을 멸하시는 것입니다.

위 본문은 사탄이 얼마나 간교하게 속이는 자인지를 잘 보여줍니다. 여기서 간교하다는 말은 똑똑하다, 총명하다는 의미입니다. 사탄은 피조물들 가운데 가장 간교한 자입니다. 사탄의 간교함은 최초의 여자인 이브와의 대화에서도 잘 나타납니다. 그 대화에서 사탄은 하나님의 법의 숨은 의도를 제시하면서 하나님의 사랑과 선하심을 의심하게 만듭니다. 사탄은 하나님을 질투하는 분으로 몰아갑니다. 그리고 하나님의 말씀을 거짓말로 만들어 버립니다. 그러면서 이브에게 선악과를 먹어도 죽지 않고 오히려 하나님과 같이 되리라는 솔깃한 가능성을 제시합니다. 그러자 이브는 사탄의 유혹에 넘어가고 맙니다.[13]

넷째, 우리는 죄가 저질러지는 통로와 단계들을 보게 됩니다. 뱀의 말을 듣는 가운데 먼저 이브의 생각에 죄가 들어왔습니다. 한 번 먹어볼까 하는 생각이 들었던 것입니다. 그러한 생각을 가지고 그 열매를 보았을 때 식욕이 자극되었습니다. 맛이 좋을 것 같은 느낌이 들었던 것입니다. 먹음직했습니다. 그리고 시각적으로는 자극을 받았습니다. 그 열매가 매우 아름답게 보였습니다. 소유하고 싶은 생각이 들었습니다. 게다가 사탄의 말을 듣고 보니 정말 그 열매는 그냥 과일이 아니라 먹는 자를 지혜롭게 만들 수 있을 것처럼 보였습니다. 귀가 자극을 받고, 식욕이 자극받고, 미감이 자극받고, 그리고 생각이 자극 받았을 때 마침내 이브는 손을 뻗어 그 열매를 맛보았습니다. 그리고 자기를 사랑하는 남편인 아담에게도 권하였습니다. 아담도 그 열매를 먹었습니다. 인류 최초의 범죄가 저질러진 것입니다.

요한일서 2장 15-16절은 이처럼 죄가 우리에게 오는 과정을 상기시켜 줍니다.

이 세상이나 세상에 있는 것들을 사랑하지 말라 누구든지 세상을 사랑하면 아버지의 사랑이 그 안에 있지 아니하니 이는 세상에 있는 모든 것이 육신의 정욕과 안목의 정욕과 이생의 자랑이니 다 아버지께로부터 온 것이 아니요 세상으로부터 온 것이라.

죄는 세상으로부터 우리에게 들어오는데, 육신적인 욕망과 눈으로 보는 시각적 욕망과 세상에 자랑하고 싶은 욕망을 통해서 우리에게 들어온다는 것입니다. 그 최초의 예가 바로 이브의 범죄였습니다.

다섯째, 우리는 죄의 본질이 이기심과 교만임을 깨닫게 됩니다. 이브의 범죄의 동기는 첫째로 자신의 욕망을 충족시키려는 이기심이었습니다. 금지되고 잘못된 방법으로라도 자신의 욕망을 채우려는 것입니다. 두 번째의 범죄 동기는 자신을 높이려는 이브의 교만이었습니다. 선악과를 먹음으로 배가 부른다든지, 지혜로워진다든지 하는 욕심을 넘어서서, 뱀이 부추기고 있는 욕망은 하나님처럼될 것이라는 것입니다. 피조물인 인간이 창조주인 하나님과 같이 높아지려는 것입니다. 이것이 뱀이 제안한 범죄의 본질입니다. 인간이 이러한 제안에 동조해서 선악과를 먹을 때, 그 범죄행위는 금지된 과일 하나를 먹었다는 단순한 먹거리 범죄가 아니라, 자신이 하나님처럼 되려는 무서운 영적인 범죄였던 것입니다. 그래서 하나님은 그처럼 강하게 벌을 주셨던 것입니다.

2) 죄 의 결 과

그렇다면 죄의 결과는 무엇입니까? 창세기 3장 8-24절의 본문은 그것을 설명해 주고 있습니다. 좀 긴 본문이지만 한 번 읽어보시기 바랍니다.

그들이 그 날 바람이 불 때 동산에 거니시는 여호와 하나님의 소리를 듣고 아담과 그의 아내가 여호와 하나님의 낯을 피하여 동산 나무 사이에 숨은지라 여호와 하나님이 아담을 부르시며 그에게 이르시되 네가 어디 있느냐 이르되 내가 동산에서 하나님의 소리를 듣고 내가 벗었으므로 두려워하여 숨었나이다 이르시되 누가 너의 벗었음을 네게 알렸느냐 내가 네게 먹지 말라 명한 그 나무 열매를 네가 먹었느냐 아담이 이르되 하나님이 주셔서 나와 함께 있게 하신 여자 그가 그 나무 열매를 내게 주므로 내가 먹었나이다 여호와 하나님이 여자에게 이르시되 네가 어찌하여 이렇게 하였느냐 여자가 이르되 뱀이 나를 꾀므로 내가 먹었나이다 여호와 하나님이 뱀에게 이르시되 네가 이렇게 하였으니 네가 모든 가축과 들의 모든 짐승보다 더욱 저주를 받아 배로 다니고 살아 있는 동안 흙을 먹을지니라 내가 너로 여자와 원수가 되게 하고 네 후손도 여자의 후손과 원수가 되게 하리니 여자의 후손은 네 머리를 상하게 할 것이요 너는 그의 발꿈치를 상하게 할 것이니라 하시고 또 여자에게 이르시되 내가 네게 임신하는 고통을 크게 더하리니 네가 수고하고 자식을 낳을 것이며 너는 남편을 원하고 남편은 너를 다스릴 것이니라 하시고 아담에게 이르시되 네가 네 아내의 말을 듣고 내가 네게 먹지 말라 한 나무의 열매를 먹었은즉 땅은 너로 말미암아 저주를 받고 너는 네 평생에 수고하여야 그 소산을 먹으리라 땅이 네게 가시덤불과 엉겅퀴를 낼 것이라 네가 먹을 것은 밭의 채소인즉 네가 흙으로 돌아갈 때까지 얼굴에 땀을 흘려야 먹을 것을 먹으리니 네가 그것에서 취함을 입었음이라 너는 흙이니 흙으로 돌아갈 것이니라 하시니라 아담이 그의 아내의 이름을 하와라 불렀으니 그는 모든 산 자의 어머니가 됨이더라 여호와 하나님이 아담과 그의 아내를 위하여 가죽옷을 지어 입히시니라 여호와 하나님이 이르시되 보라 이 사람이 선악을 아는 일에 우리 중 하나 같이 되었으니 그가 그의 손을 들어 생명 나무 열매도 따먹고 영생할까 하노라 하시고 여호와 하나님이 에덴 동산에서 그를 내보내어 그의 근원이 된 땅을 갈게 하시니라 이같이 하나님이 그 사람을 쫓아내시고 에덴 동산 동쪽에 그룹들과 두루 도는 불 칼을 두어 생명 나무의 길을 지키게 하시니라.

범죄의 결과는 첫째, 두려움과 죄책감입니다. 아담과 이브는 동산을 거니시는 하나님의 소리를 듣고 동산 나무 사이에 숨었습니다. 자신의 벗은 몸이 부끄럽게 느껴졌습니다. 수치의 감정을 느끼게 된 것입니다. 그래서 나뭇잎으로 자신을 가렸습니다. 그래도 수치심이 없어지지 않자 하나님을 만날 수 없었습니다. 그래서 나무 뒤에 숨었던 것입니다. 이것은 우리가 어려서부터 너무도 잘 아는 감정입니다. 부모님의 말씀을 어기는 순간 누가 시킨 것도 아닌데 우리는 두려움을 느낍니다. 내면에서 양심이 정죄하는 음성을 듣기 시작합니다. 이것이 죄책감입니다. 죄로 인해 느끼는 두려움과 수치심의 감정입니다.

둘째, 범죄의 결과는 정죄와 형벌입니다. 죄와 벌은 함께 갑니다. 하나님께서는 먹지 말라고 명하신 그 열매를 먹은 범죄사실을 아담에게 묻고 확인하십니다. 또한 이브에게도 확인하십니다. 그리고 이 범죄를 유도한 뱀의 죄악을 확인하십니다. 그리하여 결국 형벌을 내리십니다. 뱀에게는 저주를 내리십니다. 뱀은 배로 기어 다니고 흙을 먹으며 살게 하면서 여자와 원수가 되게 할 뿐 아니라 여자의 후손들과도 원수가 될 것이라는 저주를 내린 것입니다. 그리고 여자의 후손이 뱀의 머리를 깨뜨릴 것이라고 예언하셨습니다. 하나님은 여자에게는 해산의 고통과 남편에게 복종하는 고통을 벌로 주셨습니다. 부부관계가 지배와 복종의 관계로 변한 것입니다. 마지막으로 아담에게는 노동의 고통을 주셨습니다. 죽을 때까지 수고하고 일해야 먹고 살 수 있도록 하셨습니다. 이제 노동은 즐거움이 아니라 고통이 된 것입니다. 특기할 만한 것은, 이 형벌들이 정확히 그들의 죄에 합당했다는 것입니다. 이브를 죄에 빠뜨린 뱀은 고통과 멸망을 당하게 되었으며 남편을 죄악으로 인도한 아내는 남편의 지배를 받게 되었고, 먹을 것으로 범죄한 그들은 먹을 것을 구하기 위해서 죽도록 땀 흘려야 하는 것입니다.[14]

셋째, 인간의 범죄로 인해 땅이 저주를 받는 결과를 가져옵니다. 인간의 범죄함 때문에 땅이 황폐해지고 가시와 엉경퀴가 자라게 되어 인간의 농업과 경작을 힘들게 할 것이라고 하나님은 말씀하십니다. 로마서 8장 20-22절은 이것을 말씀하고 있습니다.

> 피조물이 허무한 데 굴복하는 것은 자기 뜻이 아니요 오직 굴복하게 하시는 이로 말미암음이라 그 바라는 것은 피조물도 썩어짐의 종 노릇 한 데서 해방되어 하나님의 자녀들의 영광의 자유에 이르는 것이니라 피조물이 다 이제까지 함께 탄식하며 함께 고통을 겪고 있는 것을 우리가 아느니라.

이 말씀에서 허무한 데 굴복한다는 말은 황폐해졌다는 말입니다. 그리고 자연이 이처럼 황폐해진 것은 다른 원인이 아니라 하나님의 명령으로 그리 되었다는 것입니다. 그리고 지금 자연이 기다리고 있는 것은 하나님의 자녀들이 예수님 안에서 누리는 영광된 자유에 참여하는 것입니다. 그러나 믿는 사람들의 구원이 아직 완성되지 못한 지금 하나님의 자녀들과 모든 피조물들은 고통 가운데 있다는 것입니다. 우리는 로마서의 이 구절들이 창세기 3장에서 하나님이 자연에 내리신 명령과 같은 맥락에 있음을 알 수 있습니다.

넷째, 죄의 결과는 죽음입니다. 하나님께서는 죄를 지은 아담과 이브가 생명나무의 열매를 먹고 영생하지 못하도록 에덴동산에서 내보내셨습니다. 그리고 불칼과 천사를 두어 그 길을 지키게 하셨습니다. 인간은 흙으로 만든 것이니 흙으로 돌아가리라는 하나님의 말씀대로 인간은 죽음을 피할 수 없게 되었습니다. 죽음이란 오늘날 우리에게는 너무나 자연스러운 과정으로 인식되고 있습니다. 인간을 포함하여 모든 생물이 죽기 때문입니다. 그러나 앞의 본문은 죽음이 처음부터 인간의 운명이 아니라, 인간의 죄악으로 인해서 하나님께서 주신 형벌임을 분명히 하고 있습니다. 그래서 로마서 3장 23절은 "죄의 삯은 사망이요"라고 선언한 것입니다.

죄의 다섯째 결과는 관계의 파괴입니다. 범죄의 결과로서 인간과 하나님의 관계가 끊어지게 되었습니다. 하나님과의 관계의 단절과 파괴는 단지 우리가 영적으로 고립되었다는 차원을 의미하지 않습니다. 그것은 또한 우리를 향한 하나님의 축복과 능력의 통로가 막힘을 의미합니다. 이사야서 59장 1-2절은 "여호와의 손이 짧아 구원하지 못하심도 아니요 귀가 둔하여 듣지 못하심도 아니라 오직 너희 죄악이 너희와 너희 하나님 사이를 갈라놓았고 너희 죄가 그의 얼굴을 가리어서 너희에게서 듣지 않으시게 함이니라"고 말씀합니다. 여호와, 즉 하나님의 능력이 부족하여 우리를 구원하시지 못하는 것도 아니고, 여호와의 귀가 둔하여 우리의 기도를 듣지 못함이 아니라는 것입니다. 오직, 우리의 죄악이 하나님과 우리 사이를 갈라놓아 우리가 하나님의 능력도 사랑도 축복도 누릴 수 없게 되었다는 것입니다. 우리가 죄 가운데서는 아무리 하나님을 구해도 하나님의 도움을 받지 못한다는 것입니다. 하나님의 생명, 하나님의 능력, 하나님의 인도하심, 하나님의 치유가 끊어지게 되는 것입니다. 우리는 생명과 복의 근원이신 하나님에게서 떨어져 나가 버렸습니다.

죄악으로 인해 하나님과의 관계가 끊어질 때 인간의 다른 모든 관계도 끊어지고 변질됩니다. 앞에서 본 창세기 3장에는 오순도순 아끼며 살아야 할 부부관계가 지배와 복종의 관계로 변질되었다는 것을 알 수 있습니다. 그 결과 그들의 자녀들도 관계성의 파괴를 경험하게 됩니다. 창세기 4장 8절에 보면 아담과 이브의 첫째 아들인 가인은 동생 아벨을 미워하고 결국 살해하는 끔찍한 일을 저질러 하나님의 벌을 받습니다. 또 죄로 인해서 인간과 자연의 친화적 관계가 적대적 관계로 변질되어 버립니다. 죄를 짓기 전에 아담은 모든 가축과 새와 짐승들에게 이름을 지어주며 좋은 관계를 가지고 있었습니다. 땅은 시절을 좇아 과실을 맺었습니다. 그러나 죄의 결과 짐승들은 인간을 두려워하게 되었고 땅은 인간에게 가시덤불과 엉겅퀴를 내게 되었습니다. 관계성의 파괴, 이것이 죄의 결말입니다.

3) 원리로서의 죄, 인간본성으로서의 죄

로마서 7장은 죄의 더 깊은 차원을 보여줍니다. 그것은 원리로서의 죄입니다. 유대 율법사였던 사도바울은 율법과 죄와 씨름하다가 이것을 발견하게 되었습니다.

그러므로 내가 한 법을 깨달았노니 곧 선을 행하기 원하는 나에게 악이 함께 있는 것이로다. 내 속사람으로는 하나님의 법을 즐거워하되 내 지체 속에서 한 다른 법이 내 마음의 법과 싸워 내 지체 속에 있는 죄의 법으로 나를 사로잡는 것을 보는도다 오호라 나는 곤고한 사람이로다 이 사망의 몸에서 누가 나를 건져내랴(로마서 7:21-24).

이 고백이 우리에게 가르치는 것은 이제는 죄가 이런 저런 범죄의 차원을 넘어서 하나의 원리로서 인간을 지배하고 있다는 사실입니다. 이제 우리가 죄를 지을 수도 있고 짓지 않을 수도 있는 것이 아니라 우리의 본성 속에 죄가 있어서 죄를 짓게 되는 것입니다. 마치 죽음이 우리 인간의 운명이 되어 버린 것처럼, 죽음을 가져오는 우리의 죄도 우리 인간의 본성이 된 것입니다. 이제는 죄를 지어 죄인이 된 것이 아니라, 죄인이기 때문에 범죄하는 것입니다.[15] 이제 우리가 선을 행하려고 아무리 노력해도 우리는 죄를 지을 수밖에 없습니다. 우리 안에 있는 죄의 법이 강하게 작동하기 때문입니다. 자신의 노력으로는 이 올무를 벗어날 수 없음을 바울은 고백하고 있습니다.

그래서 성경은 모든 인간의 본성이 타락했음을 가르쳐주고 있습니다. 로마서 3장 10-12절의 말씀은 "기록된 바 의인은 없나니 하나도 없으며 깨닫는 자도 없고 하나님을 찾는 자도 없고 다 치우쳐 함께 무익하게 되고 선을 행하는 자는 없나니 하나도 없도다"고 선언합니다. 그 결과는 무엇입니까? 로마서 3장 23절은 다음과 같이 선언하고 있습니다.

모든 사람이 죄를 범하였으매 하나님의 영광에 이르지 못하더니.

의인은 한 사람도 없습니다. 모든 사람이 죄를 범하였습니다. 그래서 하나님 앞에 서고 하나님의 영광에 참여할 사람은 한 사람도 없습니다. 이것이 성경의 증언입니다.

4) 죄의 종류

그러면 본성이 타락한 인간은 어떤 죄를 저지르게 됩니까? 우리는 로마서 1장 18-32절의 말씀을 통해 이를 알 수 있습니다. 이 본문은 길기도 하고 또 읽기에 마음이 불편하지만 죄의식이 무디어져서 종종 스스로를 죄인으로 인식하지 못하는 우리들에게 필요한 본문이기 때문에 함께 보겠습니다.

하나님의 진노가 불의로 진리를 막는 사람들의 모든 경건하지 않음과 불의에 대하여 하늘로부터 나타나나니 이는 하나님을 알 만한 것이 그들 속에 보임이라 하나님께서 이를 그들에게 보이셨느니라 창세로부터 그의 보이지 아니하는 것들 곧 그의 영원하신 능력과 신성이 그가 만드신 만물에 분명히 보여 알려졌나니 그러므로 그들이 핑계하지 못할지니라.

이 본문은 인간이 하나님을 알 수 있다고 가르치고 있습니다. 하나님은 모든 인간에게 하나님에 대한 의식을 주셨다고 합니다. 하나님의 영원하신 능력과 신성이 만물 속에 드러나기 때문에, 인간은 하나님의 존재를 알 수 있다는 것입니다.[16] 지구촌의 어느 문화권이든지 신이나 초월적인 존재를 인정하는 종교가 있다는 사실을 우리는 알고 있습니다. 그러면 우리가 하나님의 존재를 알고 있다는 사실은 우리에게 무엇을 의미합니까? 창조주이신 하나님께 영광을 돌리고 감사를 드릴 의무가 우리에게 있다는 것입니다. 그러나 많은 사람이 그렇게 하지 않습니다.

> 하나님을 알되 하나님을 영화롭게도 아니하며 감사하지도 아니하고 오히려 그 생각이 허망하여지며 미련한 마음이 어두워졌나니 스스로 지혜 있다 하나 어리석게 되어 썩어지지 아니하는 하나님의 영광을 썩어질 사람과 새와 짐승과 기어다니는 동물 모양의 우상으로 바꾸었느니라(로마서 1:21-23).

이것이 로마서 1장이 지적하는 첫 번째 죄입니다. 인간은 하나님께 영광을 돌려드리고 감사를 드리는 대신에 우상을 섬겼다는 것입니다. 마치 출애굽기 32장에서 이스라엘 백성들이 그들을 구원하신 하나님의 존재와 능력을 분명히 알고 있음에도 불구하고 자신들을 인도할 금송아지를 만들어 숭배한 것처럼 말입니다. 우리 자신을 돌아볼 때 이 죄를 범하지 않은 사람은 없을 것입니다. 이사야서 43장 21-22절은 하나님이 인간을 만드신 목적을 분명히 말씀하고 있습니다.

이 백성은 내가 나를 위하여 지었나니 나를 찬송하게 하려 함이니라 그
러나 야곱아 너는 나를 부르지 아니하였고 이스라엘아 너는 나를 괴롭
게 여겼으며.

하나님께서는 이스라엘 백성을 지으신 목적이 하나님을 위함이
라고 말씀합니다. 사람들이 하나님 아버지를 사랑하고 하나님의 영
광을 찬송하도록 인간을 창조하셨다는 것입니다. 그러나 그들은 하
나님을 부르지 않았고 괴롭게 여겼다고 본문은 지적합니다. 다시
말하면, 우리가 아무리 인생을 선하게 살고 성실하게 살며 모범적
으로 산다고 할지라도 하나님을 찾지 않고 하나님께 영광을 돌리는
삶을 살지 않는다면 그것은 인생의 본분을 망각한 것이며 범죄라는
사실입니다.

이 말이 여러분의 마음에 깊이 와 닿지 않는다면 하나의 예를 들
어 보겠습니다. 어떤 남자가 있는데 그는 정말 모범적인 사람입니
다. 회사에서는 모범적인 사원이고, 집에서는 참으로 훌륭한 가장이
면서 남편이자 아버지며, 용돈을 아껴서 구호단체에 헌금하고 검소
한 생활을 하는 등, 참으로 법 없이도 살 사람입니다. 그런데 그 사
람에게는 한 가지 이상한 점이 있는데, 그의 아버지에게 전화를 하
지도 않고, 1년 열 두 달 동안 한 번도 아버지를 찾아뵙지도 않고 감
사해 하지도 않는다는 사실입니다. 그의 아버지는 그를 너무도 사

랑했고, 그의 생명과 그가 누리는 모든 안정된 생활기반이 그의 아버지가 해 주신 것임에도 불구하고 말입니다. 한 술 더 떠서 이 사람에게 아버지가 누구시냐고 물어보면 모른다고 하거나, 심지어 자기의 친아버지를 욕하고 비방하기도 하고 다른 노인을 자기 아버지라고 말하기까지 한다면 우리는 이 사람을 어떻게 이해해야 할까요? 우리는 그에게 정신과 상담을 받아보라고 권할 것입니다. 만일 그가 정신이 멀쩡한 사람이라면 우리는 그가 가진 숨겨진 무정함과 사악함을 보고 혀를 내두를 것입니다. 그런데 이것이 인간의 모습이며 우리의 모습이라는 것입니다. 창조주 하나님을 알되 하나님을 영화롭게도 하지 아니하고 감사해 하지도 아니하는 우리 인생의 모습 말입니다.

하나님의 자녀인 인간들의 이러한 배신과 무관심의 결과는 무엇입니까? 하나님과 그들의 교제관계가 끊어지는 것입니다. 그리고 하나님께서는 인간을 그들이 하는 대로 내버려두셨습니다.

그러므로 하나님께서 그들을 마음의 정욕대로 더러움에 내버려 두사 그들의 몸을 서로 욕되게 하게 하셨으니 이는 그들이 하나님의 진리를 거짓 것으로 바꾸어 피조물을 조물주보다 더 경배하고 섬김이라 주는 곧 영원히 찬송할 이시로다 아멘 이 때문에 하나님께서 그들을 부끄러운 욕심에 내버려 두셨으니 곧 그들의 여자들도 순리대로 쓸 것을 바꾸어 역리로 쓰며 그와 같이 남자들도 순리대로 여자 쓰기를 버리고 서로 향하여 음욕이 불 일듯 하매 남자가 남자와 더불어 부끄러운 일을 행하여 그들의 그릇됨에 상당한 보응을 그들 자신이 받았느니라(로마서 1:24-27).

인간이 저지르는 두 번째 범죄는 성적인 범죄입니다. 본문은 하나님을 떠남으로서 하나님과의 관계가 끊어져 버린 후에 인간이 성적인 범죄를 저지른다는 사실을 지적합니다. 다시 말하면 하나님을 떠나 다른 것들을 섬기는 영적인 음란함은 바로 그들의 육체적인 성적 문란으로 이어졌다는 것입니다. 그리고 이로부터 수많은 범죄가 더 저질러지게 됩니다.

또한 그들이 마음에 하나님 두기를 싫어하매 하나님께서 그들을 그 상실한 마음대로 내버려 두사 합당하지 못한 일을 하게 하셨으니 곧 모든 불의, 추악, 탐욕, 악의가 가득한 자요 시기, 살인, 분쟁, 사기, 악 독이 가득한 자요 수군수군하는 자요 비방하는 자요 하나님께서 미워하시는 자요 능욕하는 자요 교만한 자요 자랑하는 자요 악을 도모하는 자요 부모를 거역하는 자요 우매한 자요 배약하는 자요 무정한 자요 무자비한 자라 그들이 이같은 일을 행하는 자는 사형에 해당한다고 하나님께서 정하심을 알고도 자기들만 행할 뿐 아니라 또한 그런 일을 행하는 자들을 옳다 하느니라(로마서 1:28-32).

본문은 성적인 범죄에 이어서 우리 인간이 저지르는 수많은 악행들을 열거하고 있습니다. 이들 악행은 우리가 이 책에서 굳이 설명하지 않아도 우리의 경험과 지식으로 알고 있는 것입니다. 날마다 매스컴을 통해 듣는 다양하고도 기발한 범죄들입니다. 하나하나의 범죄를 굳이 설명하지 않아도 될 것 같습니다.

끝으로 위 본문의 범죄 리스트에 마지막으로 기록되고 있는 범죄가 있는데, 그것은 악행들을 정당화시키는 행위입니다. 악행들을 정당화시키는 죄는 그 어떤 죄보다 차원이 다른 심각한 죄입니다. 이것은 죄의 기준을 하나님이 아니라 자신에게 맞추는 것입니다. 옳고 그름에 대해 자신이 기준이 되고, 혹은 문화적인 기준에 맞추어 죄를 정하는 것입니다. 이러한 인간 중심주의적, 죄인 중심주의적 사고는 더 이상 희망이 없습니다. 하나님이 죄로 여기시는 것을 죄라고 생각하지 않고 대수롭지 않게 여긴다면 더 이상은 돌이킬 수 없는 것입니다.

지금까지 로마서 3장이 열거하고 있는 죄의 리스트를 통해서 우리가 깨달을 수 있는 것은 죄란 하나님의 기준과 하나님의 뜻과 하나님의 법을 어기는 것입니다. 그리고 하나님의 마음을 아프시게 하고 하나님을 떠나는 것입니다. 이것은 하나님 앞에서의 죄가 사회적인 법과 공통적인 것도 있지만 분명한 차이도 있음을 알게 됩니다. 죄는 하나님과의 관계에서 나타나고 성립되는 것입니다. 죄의 기준은 사회적인 합의나 통념이 아닙니다. 하나님의 완전하신 기준이 죄의 기준입니다.

5) 죄는 미워하시나 죄인은 사랑하시는 하나님

창세기 3장의 본문은 최초의 범죄현장을 우리에게 보여주고, 또 하나님께서 범죄자들을 어떻게 벌하셨는가를 보여주지만, 한 가지를 더 보여줍니다. 그것은 죄인에 대한 하나님의 사랑입니다. 하나님께서 아담과 이브를 여전히 사랑하고 돌보시는 모습입니다. 하나님은 그들을 위해 가죽옷을 지어 입히셨습니다. 이제 가시나무와 엉컹퀴가 가득한 땅에서 살아갈 그들에게는 옷이 필요했을 것입니다. 그리고 벗은 것을 부끄러워하는 그들에게는 옷이 필요했습니다. 그들을 위해 하나님은 짐승을 잡아 가죽옷을 입히셨습니다(창세기 3:21). 이것은 하나님의 사랑을 상징하는 모습이 아닐 수 없습니다.

그리고 많은 사람들이 이 본문에서 예수님을 발견합니다. 죄인을 위해 짐승을 희생시키신 것은 앞으로 인간을 위해 오시고 대속의 피를 흘리실 예수님을 미리 예고하는 상징이기도 합니다. 이러한 해석이 무리가 아닌 것은, 하나님께서 이미 그 앞의 본문에서 여자의 후손이 뱀의 머리를 밟으리라고 말씀하심으로 사탄이 예수님에 의해서 심판받을 것을 언급하셨기 때문입니다. 그리고 하나님께서는 아담과 이브가 땅을 경작하며 먹고 살도록 해주셨습니다. 성경 전체가 증언하는 하나님의 변함없으신 사랑은 여기에도 나타나 있는 것입니다. 죄는 미워하시나 죄인은 사랑하시는 하나님이십니다.

그 이유는 첫째로 죄는 인간의 본성에 거슬리기 때문입니다. 다시 말해서 인간은 거룩한 존재이기 때문입니다. 하나님은 거룩하시고 완전하신 분이십니다. 그리고 하나님의 형상을 본받아서(창세기 1:26-27) 하나님의 자녀로 지음 받은 인간은 원래 하나님의 거룩하심과 완전하심을 닮아야 합니다. 그래서 하나님의 진리를 가르치는 기독교는 죄에 대해서 예민하게 알레르기 반응을 일으키는 것입니다. 다시 말해서 기독교인의 양심은 다른 사람들보다 더 예민할 수밖에 없습니다. 비유하자면, 어느 정도 밝기의 조명을 켜고 생활하는지에 따라서 집안의 청결도는 달라집니다. 30와트 전구를 켜놓고 사는 집은 웬만하면 깨끗하게 느껴질 것입니다. 그러나 어느 날 그 집에 햇볕이 강렬하게 들어와 비추게 되면 가구나 TV, 바닥 할 것 없이 먼지와 때로 가득한 것을 발견할 수 있게 될 것입니다. 기독교는 하나님의 빛으로 살아가는 집입니다. 마태복음 5장 48절에서 주님은 말씀하십니다.

그러므로 하늘에 계신 너희 아버지의 온전하심과 같이 너희도 온전하라.

둘째로, 하나님은 죄를 심각하게 여기시기 때문입니다. 하나님이 어느 정도로 죄를 심각하게 여기시는지를 알아보려면 예수님을 보면 됩니다. 하나님은 인간의 죄 문제를 해결하시기 위해서 외아들 예수님을 이 땅에 보내셨고, 고난의 길을 걷게 하여 마침내 십자가에서 죽게 하셨습니다. 하나님은 외아들의 명예와 생명을 희생하면서까지 인간의 죄 문제를 해결하려고 하신 것입니다. 예수님도 동일하게 죄와 피 흘리기까지 하시며 싸우셨습니다(히브리서 12:4). 죄를 극복하기 위해서 아들까지 희생하시는 하나님을 따르는 기독교는 죄와 필연적으로 싸울 수밖에 없습니다.

셋째로, 죄가 인간에게 주는 고통을 알기 때문입니다. 기독교는 다른 종교나 철학과 달리 인생과 만물이 겪는 고통이 인간의 죄로 말미암았다는 것을 분명히 알고 있습니다. 이 세상에는 얼마나 많은 고통이 있습니까? 우리는 그 고통의 배후에 인간의 악한 욕망과 의지가 있음을 잘 알고 있습니다. 아무리 많은 재산을 가지고 있더라도 더 많은 돈과 권력을 갖기 위해서 사람들을 이용하고 착취하기까지 하는 것이 사람입니다. 기독교는 거기에서 더 나아가 인간의 범죄를 알선하고 이용하며 파멸로 이끄는 사탄의 존재를 알고 있습니다. 그리고 세상에 넘치는 고통이 이러한 죄의 결과임을 잘 알고 있습니다. 그렇기 때문에 기독교는 죄를 미워하고 죄를 거부하는 것입니다. 그것이 아무리 달콤할지라도 죄는 파멸과 고통을 가져다주는 것을 알기 때문입니다.

끝으로, 기독교가 죄에 대해서 지나치게 예민한 것이 아니라, 인간의 양심이 너무도 무디어졌음을 기억해야 합니다. 예를 들어, 두

메산골이나 바닷가에 살던 사람들이 대도시에 오게 되면 가슴이 답답하고 숨이 막히는 것을 느끼게 됩니다. 그러나 대도시에 사는 사람들은 거기에 익숙해져서 공기오염에 대해 불편함을 느끼지 않습니다. 그래서 괴로워하는 시골사람들을 보며 예민하다고 생각합니다. 도시의 생활환경이 극도로 나빠졌다는 사실은 잊고서 말입니다. 오늘날 우리들은 모두가 죄를 짓고 있다는 것과 또 서로서로 죄를 덮어주면서 양심이 무디어졌다는 사실을 잊지 말아야 합니다.

　"이건 죄가 아니야"라고 강변하는 사람들의 바로 그 죄의 값을 치르시기 위해서 주님이 십자가에 못 박히셨다는 사실은 정말 아이러니입니다. 앞의 본문에서도 언급했지만, 죄의 본질 가운데 "내 기준"이 있습니다. 내가 괜찮다고 말한다고 해서 그 죄가 괜찮아지지는 않습니다. 항상 우주의 입법자이신 하나님의 기준을 바라보아야 합니다. 그렇지 않으면 우리는 죄가 아니라고 믿고 있던 행위들로 인해서 하나님의 심판을 받는 황당한 상황에 처할지도 모릅니다. 안타까운 사실은 이러한 황당한 상황들이 우리 주변에서 일어나고 있다는 것입니다. 왕따를 통해서 한 사람을 자살이나 죽음으로 몰고 간 사람들이 별 죄책감을 느끼지 못하는 모습들을 볼 때, 길에서 납치당하거나 폭행을 당하고 있는 연약한 사람을 보면서도 종종걸음으로 지나치거나 신기하다며 동영상을 찍고 있는 사람들을 볼 때, 버스 안의 승객들이 여성을 집단으로 폭행하고 강간하는 어느 나라의 이야기를 들을 때 우리는 하나님의 법을 가르치지 못한 사회의 마지막 모습을 예감하게 됩니다.

　기독교가 이처럼 죄에 대해서 예민하게 그리고 심각하게 가르치고 있음에도 불구하고 적지 않은 기독교인들이 죄를 짓고 있는 것이 오늘 한국교회의 현실입니다. 작게는 새벽기도를 다녀오면서 남의 밭에서 고추를 따오시는 할머니 권사님이나, 예배를 끝낸 교인들이 차도를 우루루 무단횡단 하는 모습들부터, 크게는 실정법을 위반하여 감옥에 들어가 있는 집사, 권사, 장로, 심지어 목사들까지 말입니다. 왜 그럴까요? 왜 기독교인들이 사회적인 규범들을 어기고 범법행위를 저지를까요? 우리는 여기서 세 가지 이유를 발견합니다.

　첫째는 하나님의 은혜를 오해하기 때문에 기독교인들이 죄를 짓습니다. 모든 사람이 죄인이 되었기 때문에 하나님께서는 죄를 용서받을 수 있는 길을 열어놓으셨습니다. 예수님의 십자가 죽음을 통해서 죄인들이 용서받고 구원받게 하신 것이 그것입니다. 그 결과 사람들은 죄의 심판에 대한 두려움을 더 이상 느끼지 않게 되었습니다. 예수님께 용서받을 수 있기 때문입니다. 비유하자면, 기독교 신자에게 죄는 더 이상 죽음에 이르는 병이 아니라, 예수님에게 가면 치료받을 수 있는 병으로 여겨집니다. 그래서 역설적으로 죄를 가볍게 여기는 것입니다. 하나님의 용서의 은혜 때문에 죄를 더 짓게 된다는 것은 정말 아이러니컬한 이야기이지만 실제로 일어나는 일입니다. 아프리카의 어느 나라에서는 기독교가 전파된 후에 사회적 부패지수가 상승하는 경우도 있었다고 합니다! 하나님의 용서가 죄를 부추기는 결과가 일어나게 된 것입니다.

그러나 이것은 기독교의 가르침도, 하나님의 마음도 아닙니다. 로마서 6장 1-2절은 이런 교인들을 향해서 다음과 같이 경고합니다.

> 그런즉 우리가 무슨 말을 하리요 은혜를 더하게 하려고 죄에 거하겠느냐. 그럴 수 없느니라 죄에 대하여 죽은 우리가 어찌 그 가운데 더 살리요.

우리 죄로 인해서 하나님의 아들이 죽으셨는데, 그것을 아는 우리가 어떻게 더 죄를 지을 수 있는가 하는 물음입니다. 참된 그리스도인이라면 이 말에 공감할 것입니다. 하나님의 용서의 은혜는 예수님의 죽음을 통해서 우리에게 온 것이기 때문에 이 은혜 앞에서 죄를 미워하는 것이 당연합니다.

둘째로, 한국교회가 거룩한 삶을 지향하는 성경의 관점과 하나님의 마음을 가르치지 않은 까닭에 기독교인들이 죄를 짓는 것입니다. 그동안 한국교회는 하나님의 용서와 축복의 복음을 주로 가르쳐 왔습니다. 그런데 이로 인해서 한국교회는 하나님이 죄를 이처럼 미워하신다는 것도, 죄를 지으면 하나님의 축복에서 떨어져 나간다는 사실도, 우리 인생의 고통이 죄의 결과라는 것도, 우리가 거룩한 삶을 살아야 한다는 것도 충분히 가르치고 강조하지 못했습니다.[17] 그래서 기독교인들의 윤리의식은 사회적 기준보다 더 높지 못하고 그저 사회적 기준과 통념에 맞추어 형성된 것입니다. 결과적으로 사회에서 사람들이 관행적으로 저지르는 범죄들을 기독교인들도 저지르며 살아가고 있는 것입니다. 이것은 한국의 경우만이 아닙니다. 몇 해 전에 미국에서도 대학생들의 윤리의식에 관해 갤럽조사를 해 보니 기독교인이든 아니든 윤리의식의 수준은 비슷했다고 합니다. 이제 한국교회는 하나님의 용서와 개인적인 축복을 넘어서 사회를 향해, 가난한 사람을 향해, 거룩함을 가르치고 강조할 때입니다. 이러한 믿음의 성숙에 대해서는 다음 장에서 자세히 설명하겠습니다.

세 번째로, 기독교인들은 죄를 이길 수 있는 구체적인 방법과 능력을 습득하지 못했기 때문에 여전히 범죄를 저지릅니다. 정상적인 기독교인들은 성경을 읽으면서 거룩한 삶으로 부르시는 하나님의 뜻을 깨닫습니다. 그리고 이전보다 거룩한 삶을 살아가려고 노력하게 됩니다. 그러나 많은 경우에 죄와 악을 극복하지 못하고 종종 실패하고 좌절합니다. 그 이유는 성경이 제시하는 거룩함의 방법과 능력을 체계적으로 습득하고 훈련하지 못했기 때문입니다. 그 누구도 스스로의 힘으로 죄와 악을 이길 수는 없습니다. 그러기에 성경은 우리에게 죄를 이길 하나님의 능력을 받기 위해 기도하라고 가르칩니다. 제자들에게 기도를 가르쳐 주시면서, 예수님은 "우리를 시험에 들게 하지 마시옵고 다만 악에서 구하시옵소서"(마태복음 6:13)라고 기도하셨습니다. 시험을 피하고 악에서 구원받기 위해서 우리는 하나님께 기도해야 하는 것입니다. 그리고 성령님의 거룩하게 하시는 능력과 인도하심을 구해야 합니다. 갈라디아서 5장 16절은 "내가 이르노니 너희는 성령을 따라 행하라 그리하면 육체의 욕심을 이루지 아니하리라"고 가르치고 있습니다. 또 로마서 8장 4절의 말씀은 "육신을 따르지 않고 그 영을 따라 행하는 우리에게 율법의 요구가 이루어지게 하려 하심이니라"고 말씀합니다. 우리가 성령님의 인도하심을 따르면 육체의 욕심을 이루려 하지 않습니다. 그리고 율법을 온전히 지키게 될 것입니다. 우리는 성령님을 구해야 합니다. 그리고 그 분의 인도하심을 따라 가야 합니다.

그동안 한국교회의 성령운동은 성령님의 능력에 초점을 두어 왔습니다. 치유와 축복의 능력을 위해서 우리는 성령님을 구해왔습니다. 정확히 말하자면 성령님을 좀 이용한 측면이 있습니다. 그러나 이제는 우리가 열매를 맺기 위해서 성령님을 구해야 할 것입니다. 갈라디아서 5장 22절은 "오직 성령의 열매는 사랑과 희락과 화평과 오래 참음과 자비와 양선과 충성과 온유와 절제니 이같은 것을 금지할 법이 없느니라."고 말씀합니다. 그동안 성장하고 꽃을 피운 한국 기독교는 이제 성령님의 열매를 맺는 계절을 맞이하고 있습니다. 풍성한 성령님의 열매들을 맺어서 한국 사람들이 맛보게 해야 합니다. 그래서 사도행전 2장 47절에 나타난 초대교회처럼 온 백성에게 칭송받을 수 있어야 할 것입니다. 감사한 것은, 오늘날 많은 교회들이 팔을 걷어붙이고 봉사와 나눔과 희생의 삶을 실천하고 있다는 사실입니다.

회개란 무엇인가?

죄의 삯이 사망이라면, 우리는 죄에 대해서 어떻게 용서받을 수 있을까요? 우리의 죄 값을 어떻게 해결할 수 있을까요? 성경은 우리에게 회개하라고 가르치고 있습니다. 예수님께서 사역을 시작하시면서 처음 외치신 말씀이 "회개하라 천국이 가까이 왔느니라"(마태복음 4:17)는 메시지였습니다. 그리고 예수님은 회개의 중요성을 다음과 같이 강조하셨습니다.

만일 회개하지 아니하면 다 이와 같이 망하리라(누가복음 13:5).

또 주님은 회개하는 자의 구원에 대해 이렇게 말씀하셨습니다.

내가 너희에게 이르노니 이와 같이 죄인 한 사람이 회개하면 하나님의 사자들 앞에 기쁨이 되느니라(누가복음 15:10).

그러면 회개는 무엇입니까? 우리는 어떻게 회개해야 합니까?

1) 죄로 인해 근심하는 회개

회개란 무엇입니까? 첫째로 회개는 범죄한 사실에 대해서 근심하고 아파하는 것입니다. 고린도후서 7장 8-10절은 이것을 잘 가르쳐 줍니다.

그러므로 내가 편지로 너희를 근심하게 한 것을 후회하였으나 지금은 후회하지 아니함은 그 편지가 너희로 잠시만 근심하게 한 줄을 앎이라 내가 지금 기뻐함은 너희로 근심하게 한 까닭이 아니요 도리어 너희가 근심함으로 회개함에 이른 까닭이라 너희가 하나님의 뜻대로 근심하게 된 것은 우리에게서 아무 해도 받지 않게 하려 함이라 하나님의 뜻대로 하는 근심은 후회할 것이 없는 구원에 이르게 하는 회개를 이루는 것이요 세상 근심은 사망을 이루는 것이니라.

이 성경본문은 사도바울이 교인들의 다양한 범죄로 인해 혼란과 고통 가운데 있는 고린도교회에 보낸 편지의 한 부분입니다. 본문이 가르치는 바는, 죄로 인한 근심은 좋은 것이며, 이러한 근심은 회개로 이어진다고 하는 것입니다. 다시 말해서 회개는 죄로 인해 아파하는 감정으로부터 시작한다는 것입니다. 세상적인 근심은 사람을 망가뜨리지만, 하나님 앞에서 죄를 아파하는 근심은 회개로 인도하는 것입니다. 다시 말해서 진정한 회개는 죄에 대해 이처럼 강한 정서적인 반응을 보여줍니다. 그리고 이러한 회개의 감정은 단순한 후회와는 구별되는 것입니다. 후회는 마음에 상처만 남기고 잊혀지지만, 죄를 슬퍼하고 미워하는 회개의 감정은 구원으로 이어지기 때문입니다.

진정한 회개가 지닌 이러한 근심, 즉 강한 정서적 반응을 가장 잘 보여주는 한 예가 시편 51편입니다. 시편 51편은 구약시대의 위대한 신앙인이었던 다윗왕이 범죄를 회개하며 지은 기도시입니다. 그 배경은 이렇습니다. 다윗은 자신의 부하인 우리아의 아내 밧세바를 유혹하여 성범죄를 저지릅니다. 그 후 밧세바가 자신의 아기를 임신한 것을 알고 나서 다윗은 우리아를 전쟁터의 최전선에 내보내어 죽게 합니다. 사무엘하서 11장 26-27절은 이러한 사실을 기록하고 있습니다.

우리아의 아내는 그 남편 우리아가 죽었음을 듣고 그의 남편을 위하여 소리내어 우니라 그 장례를 마치매 다윗이 사람을 보내 그를 왕궁으로 데려오니 그가 그의 아내가 되어 그에게 아들을 낳으니라 다윗이 행한 그 일이 여호와 보시기에 악하였더라.

이 구절들은 다윗에게 어려운 사태가 일단락된 것을 보여줍니다. 그 여인의 남편은 죽었고, 과부인 그 여인은 이제 합법적으로 다윗의 아내가 되었습니다. 그러나 그것은 더 고통스러운 심판의 시작이었습니다. 본문은 하나님이 보시기에 그것은 악했다고 기록합니다. 하나님의 기준에 달아볼 때 그것은 악한 것이었습니다. 하나님께서는 나단 선지자를 보내서 그 범죄를 드러내십니다.

이스라엘의 하나님 여호와께서 이와 같이 이르시기를 내가 너를 이스라엘 왕으로 기름 붓기 위하여 너를 사울의 손에서 구원하고 네 주인의 집을 네게 주고 네 주인의 아내들을 네 품에 두고 이스라엘과 유다 족속을 네게 맡겼느니라 만일 그것이 부족하였을 것 같으면 내가 네게 이것저것을 더 주었으리라 그러한데 어찌하여 네가 여호와의 말씀을 업신여기고 나 보기에 악을 행하였느냐 네가 칼로 헷 사람 우리아를 치되 암몬 자손의 칼로 죽이고 그의 아내를 빼앗아 네 아내로 삼았도다 이제 네가 나를 업신여기고 헷 사람 우리아의 아내를 빼앗아 네 아내로 삼았은즉 칼이 네 집에서 영원토록 떠나지 아니하리라 하셨고 여호와께서 또 이와 같이 이르시기를 보라 내가 너와 네 집에 재앙을 일으키고 내가 네 눈앞에서 네 아내를 빼앗아 네 이웃들에게 주리니 그 사람들이 네 아내들과 더불어 백주에 동침하리라 너는 은밀히 행하였으나 나는 온 이스라엘 앞에서 백주에 이 일을 행하리라 하셨나이다 하니(사무엘하 12:7-12).

나단 선지자가 전한 하나님의 메시지는 차갑고 엄중했습니다. 다윗은 이웃의 아내를 범하지 말라는 십계명을 어겼고, 더 나아가서 칼로 그 남편을 쳐 죽이도록 명령하는 더 큰 범죄를 저질렀음을 하나님은 지적하셨습니다. 한낱 목동에 지나지 않는 다윗에게 하나님은 은혜를 베푸시고, 그를 사울왕의 칼로부터 수없이 구원하여 그 생명을 지키시고, 결국 이 나라의 왕으로 세우시고, 필요한 모든 것을 공급하셔서 이 나라를 부강하게 하시고 다윗의 왕위를 공고히 하셨습니다. 그런데 다윗은 하나님의 법을 어기고 이런 범죄를 저지름으로 거룩하신 하나님, 약한 자를 보호하시는 하나님을 업신여긴 것입니다. 이제 하나님은 그에게 주실 형벌을 말씀하십니다. 칼로 서로를 죽이는 일이 다윗의 가문에서 끊이지 않을 것이며, 다윗의 아내들을 다른 사람에게 빼앗기는 일이 일어날 것이라고 말씀하신 것입니다.

나단 선지자를 통해서 하나님의 메시지를 받은 다윗은 어떻게 반응했습니까? 그는 왕이었고, 그에게는 선지자를 죽이거나 가두어서 침묵하도록 할 권력이 있었지만, 다윗은 그렇게 하지 않았습니다. 또 그는 변명하지 않았습니다. 일종의 정략결혼으로 결혼했던 사울왕의 딸 미갈에게 무시당하고 살았고, 후에는 아내 미갈을 다른 사람에게 빼앗기기까지 했던 그가 이제 참으로 마음에 꼭 드는 여인을 만난 것이라고, 혹은 그 때 자기는 몸이 좋지 않고 판단력이 흐려서 그만 실수를 했다고 나름대로 변명할 수도 있었을 텐데, 그는 변명하는 대신 하나님의 판단에 자기를 맡기고 심판을 받아들였습니다. 사무엘하서 12장 13절은 다윗의 대답을 기록하고 있습니다.

다윗이 나단에게 이르되 내가 여호와께 죄를 범하였노라.

그러자 나단은 하나님의 마지막 메시지를 전했습니다.

여호와께서도 당신의 죄를 사하셨나니 당신이 죽지 아니하려니와 이 일로 말미암아 여호와의 원수가 크게 비방할 거리를 얻게 하였으니 당신이 낳은 아이가 반드시 죽으리이다 하고 나단이 자기 집으로 돌아가니라(사무엘하 12:13-14).

시편 51편은 이러한 상황 속에서 쓰여진 다윗의 기도문입니다.

하나님이여 주의 인자를 따라 내게 은혜를 베푸시며 주의 많은 긍휼을 따라 내 죄악을 지워 주소서 나의 죄악을 말갛게 씻으시며 나의 죄를 깨끗이 제하소서 무릇 나는 내 죄과를 아오니 내 죄가 항상 내 앞에 있나이다 내가 주께만 범죄하여 주의 목전에 악을 행하였사오니 주께서 말씀하실 때에 의로우시다 하고 주께서 심판하실 때에 순전하시다 하리이다 내가 죄악 중에서 출생하였음이여 어머니가 죄 중에서 나를 잉태하였나이다 보소서 주께서는 중심이 진실함을 원하시오니 내게 지혜를 은밀히 가르치시리이다 우슬초로 나를 정결하게 하소서 내가 정하리이다 나의 죄를 씻어 주소서 내가 눈보다 희리이다 내게 즐겁고 기쁜 소리를 들려 주시사 주께서 꺾으신 뼈들도 즐거워하게 하소서 주의 얼굴을 내 죄에서 돌이키시고 내 모든 죄악을 지워 주소서 하나님이여 내 속에 정한 마음을 창조하시고 내 안에 정직한 영을 새롭게 하소서 나를 주 앞에서 쫓아내지 마시며 주의 성령을 내게서 거두지 마소서 주의 구원의 즐거움을 내게 회복시켜 주시고 자원하는 심령을 주사 나를 붙드소서 그리하면 내가 범죄자에게 주의 도를 가르치리니 죄인들이 주께 돌아오리이다 하나님이여 나의 구원의 하나님이여 피 흘린 죄에서 나를 건지소서 내 혀가 주의 의를 높이 노래하리이다 주여 내 입술을 열어 주소서 내 입이 주를 찬송하여 전파하리이다 주께서는 제사를 기뻐하지 아니하시나니 그렇지 아니하면 내가 드렸을 것이라 주는 번제를 기뻐하지 아니하시나이다 하나님께서 구하시는 제사는 상한 심령이라 하나님이여 상하고 통회하는 마음을 주께서 멸시하지 아니하시리이다 주의 은택으로 시온에 선을 행하시고 예루살렘 성을 쌓으소서 그 때에 주께서 의로운 제사와 번제와 온전한 번제를 기뻐하시리니 그 때에 그들이 수소를 주의 제단에 드리리이다(시편 51:1-19).

이 기도문에서 다윗은 애통하는 마음으로 하나님 앞에 엎드리고 있습니다. 그리고 그 마음을 주님께 제사로 올려드리고 있습니다. 그는 정직하게 자기의 죄를 고백하고 있습니다. 이 기도문 속에는 죄를 상징하는 모든 단어가 총망라되어 사용되고 있습니다.[18] 그러면서 하나님의 용서를 간구하고 있습니다. 이것이 회개입니다. 죄악을 후회하고 아파하며 슬퍼하는 진실한 아픔이 회개입니다.

다윗이 자신의 범죄함을 인정했을 때 하나님께서는 칼의 심판과 아내를 빼앗기는 심판과 불륜의 아기의 생명을 거두시는 심판을 예언하셨고, 또 그대로 되었습니다. 아들 압살롬의 반역으로 다윗은 다른 아들들을 잃게 되었습니다. 그리고 다윗이 압살롬의 반란군에게 밀려 도망가는 동안 압살롬은 아버지의 후궁들을 대낮에 범하였습니다. 그리고 밧세바와의 불륜으로 낳은 아이의 생명을 거두어 가셨습니다.

그러나 하나님은 다윗의 회개를 받으시고 그에게 은혜를 베푸셨습니다. 무고한 우리아의 목숨과 아내를 빼앗았으니 다윗도 죽어야 했지만, 하나님께서는 다윗의 목숨을 보전하셨습니다. 그리고 다윗이 우리야의 아내에게서 얻은 두 번째 아이를 축복하셨습니다. 사무엘하서 12장 24절은 이렇게 기록하고 있습니다.

다윗이 그의 아내 밧세바를 위로하고 그에게 들어가 그와 동침하였더니 그가 아들을 낳으매 그의 이름을 솔로몬이라 하니라 여호와께서 그를 사랑하사 선지자 나단을 보내 그의 이름을 여디디야라 하시니 이는 여호와께서 사랑하셨기 때문이더라.

이 구절을 볼 때마다 우리는 하나님은 죄를 미워하시지만 인생은 참으로 사랑하시는 분임을 깨닫게 됩니다. 마치 친할아버지처럼, 하나님은 다윗이 사랑하는 여인이 낳은 아이를 사랑하십니다. 비록 불륜의 관계였지만, 그래서 죽음보다 더 힘든 형벌을 받아야 했지만, 그 죄 값을 치르고 난 후에는 다윗이 사랑하는 아이를 사랑하시는 하나님의 모습은 진실한 아버지의 모습입니다. 하나님은 그 아이에게 여호와께서 사랑하신다라는 이름을 지어주십니다. 그리고 나중에는 그 아이에게 다윗의 왕위를 물려주도록 허락하십니다. 그 아이의 다른 이름은 솔로몬입니다.

2) 죄에 대하여 생각을 바꾸는 회개

둘째, 회개는 죄에 대하여 생각을 바꾸는 것입니다. 사도행전 2장 8절에서 사도 베드로가 "너희가 회개하여 각각 예수 그리스도의 이름으로 세례를 받고 죄사함을 받으라 그리하면 성령의 선물을 받으리니"라고 외친 메시지에서 회개라는 단어의 그리스어 원어는 "메타노에오"입니다. 이 단어는 "~후에," 혹은 "다시"를 의미하는 "메타"와 "생각하다"라는 "노에오"가 결합된 단어입니다. 따라서 메타노에오의 뜻은 "다르게 생각하다, 재고하다"입니다.[19] 다시 말하면 죄에 대해서 다르게 생각하라는 것입니다. 이것은 회개가 생각의 변화를 의미한다는 것을 가르쳐 줍니다. 이처럼 회개의 두 번째 요소는 죄에 대해서 생각을 바꾸는 것입니다. 비록 죄의 유혹이 달콤하고 당장은 내게 유익을 가져다준다고 할지라도, 나와 하나님의 사이를 끊어지게 하고, 필연적으로는 나의 삶을 파괴한다는 확신을 회복하는 것입니다.

3) 죄를 자백하는 회개

회개의 세 번째 요소는 죄를 인정하고 자백하는 것입니다. 죄의 고백은 죄를 인정하고 용서를 구하는 회개의 일부로서 자연스러운 것입니다. 마음으로 회개하는 사람이 입술로 하나님께 죄를 고백하지 않을 이유는 없습니다. 때로는 서로에 대한 범죄나 다수에게 행한 죄를 고백할 필요가 있습니다.

구약성경은 죄사함을 위해서 하나님께 제사를 드릴 때 죄의 고백을 드리도록 명하고 있습니다(레위기 5:5). 신약성경의 요한일서 1장 9절은 "만일 우리가 우리 죄를 자백하면 그는 미쁘시고 의로우사 우리 죄를 사하시며 우리를 모든 불의에서 깨끗하게 하실 것이요"라고 가르치고 있습니다. 이 구절은 우리의 죄를 고백하는 것이 죄사함의 조건이 됨을 가르치고 있습니다.[20] 더 나아가서 야고보서 5장 16절은 서로의 죄를 고백하라고 가르칩니다. 그리고 예수님이 가르쳐 주신 주기도문도 다음과 같이 기도하고 있습니다.

우리가 우리에게 죄 지은 자를 사하여 준 것 같이 우리 죄를 사하여 주시옵고.

예수님은 우리 죄의 사함을 위해서 하나님께 기도하라고 말씀하고 계신 것입니다. 즉, 우리 죄를 하나님께 인정하고 고백하는 것을 가르치고 계십니다.

4) 죄로부터 돌아서는 회개

회개의 네 번째 요소는 죄로부터 돌아서는 의지적인 결단입니다. 사도행전 20장 21절은 "유대인과 헬라인들에게 하나님께 대한 회개와 우리 주 예수 그리스도께 대한 믿음을 증언한 것이라"고 말씀합니다. 이 구절에서 회개는 하나님께 하는 것으로 기록하고 있습니다. 하나님을 향해 회개하는 것입니다. 이것은 회개의 목적이 하나님을 향하는 의지적인 결단임을 보여줍니다.[21] 이는 죄가 하나님을 배신하는 관계성에 관한 것이라는 사실과도 일치합니다. 여기에서 하나님께 대한 회개의 의미는 죄로부터 돌아서고 하나님을 향해 돌아서는 것입니다. 다시 말해 회개는 의지적인 결단과 행동을 표현한다는 사실을 보여줍니다.

회개의 이러한 의지적인 요소는 구약성경이 지속적으로 강조하고 있는 것이기도 합니다. 예를 들어 예레미야 36장 3절은 "유다 가문이 내가 그들에게 내리려 한 모든 재난을 듣고 각기 악한 길에서 돌이키리니 그리하면 내가 그 악과 죄를 용서하리라 하시니라"고 했습니다. 하나님은 이스라엘 백성들이 그들의 죄와 악에서 돌이킬 수 있도록 선지자들을 통해서 계속적으로 권고하십니다. 이것이 구약의 핵심적인 회개사상입니다.

죄로부터 돌아서는 결단과 의지의 요소를 인상 깊게 보여주는 하나의 예를 북미주 예수 대각성운동(JAMA, Jesus Awakening Movement for America)을 시작한 김춘근 교수의 삶에서 찾아볼 수 있습니다.[22] 김춘근 교수는 미국 남가주대학교에서 경영학 전공으로 박사학위를 취득한 뒤 명문 사립대학인 페퍼다인 대학교에서 교수로 일하게 되었으며, 최우수 교수상을 수상하는 등 사회적 명성을 얻었습니다. 그러나 그는 그동안의 과로로 인해 악성 간경화증 진단을 받게 되었습니다. 단돈 200불을 들고 미국으로 가 병원 영안실에서 일하면서 고학으로 공부를 마친 그는 이제 교수가 되어 살만하다고 생각했는데, 이처럼 죽음 앞에 서게 된 것입니다. 이러한 사실에 그는 기가 막혔습니다. 의사가 치료를 포기한 상황에서 교회 장로였던 그는 가까운 빅베어 산장을 하나 빌려 한 주일동안 하나님께 간절히 기도를 드렸습니다. 그의 기도에는 하나님에 대한 원망이 배어 있었습니다.

기도를 시작한지 6일째 되는 날 하나님께서는 김춘근 교수가 혈액 속에 있는 독성분으로 죽는 것이 아니라 그가 회개하지 않은 죄로 인해 죽는 것이라는 말씀을 주셨습니다. 그러나 김 교수는 그것을 이해할 수가 없었습니다. 그는 자주 회개기도를 드렸기 때문입니다. 그러나 하나님께서는 그의 회개기도들을 회개로 인정하지 않으시고, 참된 회개는 죄에서 돌아서고 죄의 뿌리를 뽑는 것임을 가르쳐 주셨습니다. 김춘근 교수는 자신의 속에 있는 죄악들을 내어놓고 진심으로 하나님 앞에 회개했습니다. 얼마나 온 몸으로 회개하며 기도를 드렸을까, 어느덧 어둡고 고요했던 산에 아침이 오고 있었습니다. 문득 김춘근 교수는 그의 질병이 치유 받았음을 느낄 수 있었습니다. 산에서 내려와 병원을 찾아간 그를 검사한 의사는 놀라운 기적이 일어났음을 확인해 주었습니다.

그 후 김춘근 교수는 알래스카로 가라는 하나님의 인도하심에 순종하여 페퍼다인 대학교의 교수직을 버리고 알래스카주립대학교 교수로 지원하여 갔습니다. 김 교수는 알래스카에서 생활하면서 건강을 온전히 회복했고 주지사의 경제무역 특별고문으로 일하면서 알래스카 수출을 3배 이상 확대하는 놀라운 업적을 세웠습니다. 그는 거기에서 멈추지 않고 다시 하나님의 부르심을 따라 캘리포니아로 내려와서 미국의 2세들을 위한 예수각성운동을 시작하였고, 오늘날 미국의 주류 교회와 연합하여 2세 사역을 감당하고 있습니다. 이처럼 진정한 회개는 죄의 뿌리를 뽑는 의지적 결단을 의미합니다. 이러한 회개를 하나님이 회개로 인정하십니다.

지금까지의 설명을 정리해 보면, 회개는 죄에 대한 깨달음과 감정으로부터 시작해서 죄의 고백으로 나아가며, 죄에 관한 생각을 고치고, 더 나아가서 죄를 버리고 돌아서서 하나님을 향하는 의지적인 결단임을 말해 줍니다. 다시 말해 죄로부터 전인적으로 돌아서서 하나님을 향하는 것이 참된 회개임을 성경은 가르쳐 줍니다.

5) 죄에 대해 죽는 회개

사도바울은 끈질긴 죄를 뿌리치지 못하는 인생들을 위해 회개의 더 깊은 차원을 보여주고 있습니다. 그것은 우리가 죄에 대해서 죽는 것입니다. 사도바울과 같이 율법을 지키는 철저한 훈련을 받은 사람도 자기 속에서 끊임없이 역사하는 죄악된 욕망의 힘을 제어하지 못했습니다. 앞에서 설명한 원리로서의 죄, 인간의 본성으로서의 죄악 말입니다. 그래서 그는 로마서 7장 24절에서 "오호라 나는 곤고한 사람이로다 이 사망의 몸에서 누가 나를 건져내랴"고 고백하지 않았습니까?

그러나 그는 이 죄에서 확실하게 벗어나는 길을 그는 마침내 발견했는데, 그가 발견한 것은 그리스도의 십자가에 자기의 죄된 것들을 품고 함께 죽는 결단이었습니다. 로마서 6장 4절에서 그는 다음과 같이 기록하고 있습니다.

그러므로 우리가 그의 죽으심과 합하여 세례를 받음으로 그와 함께 장사되었나니 이는 아버지의 영광으로 말미암아 그리스도를 죽은 자 가운데서 살리심과 같이 우리로 또한 새 생명 가운데서 행하게 하려 함이라.

바울은 자기의 옛사람, 즉 죄악에 물든 자기를 예수님의 십자가에 못 박는 결단을 통해서 죄악을 극복했던 것입니다. 다시 말하면 이런 죄 저런 죄를 회개하는 데서 그치는 것이 아니라, 죄에 물든 자기 자아를 거절하고 하나님께 절대적으로 복종하는 결단을 내리는 것입니다. 죽은 사람은 할 말도 할 일도 없습니다. 오직 부활하신 그리스도께서 주시는 말씀과 일이 그의 것입니다. 그리고 이것이 세례의 의미입니다. 우리가 세례를 받을 때 물 속에 깊이 잠겼다가 올라오는 것은 죽음과 삶을 상징하는 것입니다. 즉 죄에 물든 옛사람이 죽고 새사람이 사는 것입니다.

사도바울은 자신의 삶 속에서 자신의 자아를 십자가에 못 박는 삶을 지속적으로 실천했습니다. 갈라디아서 2장 20절 에서 그는 "내가 그리스도와 함께 십자가에 못 박혔나니 그런즉 이제는 내가 사는 것이 아니요 오직 내 안에 그리스도께서 사시는 것이라 이제 내가 육체 가운데 사는 것은 나를 사랑하사 나를 위하여 자기 자신을 버리신 하나님의 아들을 믿는 믿음 안에서 사는 것이라"고 고백합니다.

또 5장 24절에서 바울은 이렇게 말씀합니다. "그리스도 예수의 사람들은 육체와 함께 그 정욕과 탐심을 십자가에 못 박았느니라.

그리고 6장 14절에서 그는 다시 이렇게 고백합니다. 그러나 내게는 우리 주 예수 그리스도의 십자가 외에 결코 자랑할 것이 없으니 그리스도로 말미암아 세상이 나를 대하여 십자가에 못 박히고 내가 또한 세상을 대하여 그러하니라.

심지어 바울은 지식의 영역에서도 이러한 자기죽임을 실천했습니다.

너희가 세상의 초등학문에서 그리스도와 함께 죽었거든 어찌하여 세상에 사는 것과 같이 규례에 순종하느냐(골로새서 2:20).

바울은 당대의 학문을 배운 사람이었지만, 그것들은 모두가 사람들의 의견이었고, 그리스도를 아는 영적인 지식과 비교할 수 없는 것들이었습니다. 그래서 그는 자기의 지식도 십자가에 못 박았던 것입니다. 그리고 그리스도를 아는 고상한 지식에 집중했던 것입니다.

우리는 죄를 회개하는 과정에서 삶 속에 습관화되고 요새화된 죄들을 발견하게 됩니다. 어떤 사람은 술로 인해서, 또 다른 사람은 음란함으로 인해서, 또 어떤 이는 욕심으로 인해서 반복적인 죄를 짓게 됩니다. 그리고 이러한 가망성 없는 싸움 속에서 절망하게 됩니다. 그러나 사도바울은 예수님의 십자가에 그 죄를 안고 올라가서 자신을 못 박는 온전한 회개를 제시하였습니다. 자기중심의 삶을 완전히 부인하게 될 때 우리 안에 뿌리 깊은 죄악도 함께 죽게 됩니다. 그렇게 할 때 예수님은 새로운 마음을 주시고, 새로운 생명을 주셔서 죄를 온전히 회개하고 이길 수 있도록 해 주실 것입니다.

제3장

예수님을 믿음

기독교의 구원에서 가장 핵심적인 단어 가운데 하나가 믿음입니다. 성경은 구원을 얻는 방법으로 믿음을 가르치고 있습니다. 은혜가 구원을 위해서 하나님께서 인간에게 주시는 것이라면, 믿음은 인간이 하나님의 구원의 은혜에 응답하는 것이기 때문입니다. 그렇다면 믿음에 대한 정확한 이해는 구원을 받는 데 있어서 너무도 중요하다는 것을 우리는 알 수 있습니다.

무엇을 믿는 것인가?

1) 하나님을 믿음

구원에 이르는 믿음은 정확히 무엇을 믿는 것입니까? 다시 말해서 믿음의 대상은 무엇입니까? 믿음의 대상과 관련하여 우리는 많은 것을 생각할 수 있습니다. 그러나 구원과 관련하여 말할 때 믿음의 가장 중요한 대상은 우선 하나님의 존재입니다. 하나님의 존재를 인정하는 것이 믿음의 시작입니다. 베드로전서 1장 21절은 성도들을 일컬어 "너희는 그를 죽은 자 가운데서 살리시고 영광을 주신 하나님을 그리스도로 말미암아 믿는 자니 너희 믿음과 소망이 하나님께 있게 하셨느니라"고 말씀합니다. 여기서 "그"는 예수님을 가리킵니다. 성도들은 예수님을 죽은 자 가운데서 살리시고 영광을 주신 하나님을 믿는 사람들입니다.

그러면 믿음은 어떤 하나님을 믿는 것입니까? 무엇보다 사랑과 은혜의 하나님을 믿는 것입니다. 하나님은 사랑의 하나님이십니다. 기독교의 구원을 설명하는 가장 핵심적인 구절 가운데 하나인 요한복음 3장 16절은 다음과 같이 시작합니다.

하나님이 세상을 이처럼 사랑하사.

이처럼 기독교의 구원은 하나님이 살아계시고, 하나님께서 인간을 사랑하신다는 것을 믿는 데서 출발합니다. 당신은 하나님의 존재를 믿습니까? 사랑의 하나님께서는 당신을 사랑하시며 가장 좋은 것을 당신을 위해 준비해 놓으셨습니다.

하나님은 거룩하신 분입니다. 그리고 믿음은 거룩하신 하나님을 믿는 것입니다. 이는 하나님이 피조물과 구별되는 초월적인 하나님이심을 의미합니다. 그리고 또한 도덕적으로도 완전하심을 의미합니다. 하나님의 거룩성은 우리의 기준이 됩니다. 하나님은 우리에게도 거룩하도록 명령하십니다. 레위기 20장 7-8절은 이것을 가르치고 있습니다.

너희는 스스로 깨끗하게 하여 거룩할지어다 나는 너희의 하나님 여호와이니라 너희는 내 규례를 지켜 행하라 나는 너희를 거룩하게 하는 여호와이니라.

하나님의 거룩하심을 이해하지 못하면 우리는 죄의 문제와 심판과 예수님의 구원을 이해할 수 없습니다. 하나님의 거룩을 인생의 기준으로 받아들이지 못하면 우리는 우리의 죄인됨과 심판과 예수님의 구원을 인정하고 받아들이지 못합니다. 구원이란 죄인된 우리들을 사랑하셔서 우리의 죄를 해결하시고 거룩한 하나님과 화해하게 하시고 우리를 거룩하게 만들어 가는 과정이기 때문입니다.

사랑이시며 거룩하신 하나님의 모습을 가장 잘 나타내고 있는 성경본문이 누가복음 15장의 돌아온 탕자의 비유입니다.

또 이르시되 어떤 사람에게 두 아들이 있는데 그 둘째가 아버지에게 말하되 아버지여 재산 중에서 내게 돌아올 분깃을 내게 주소서 하는지라 아버지가 그 살림을 각각 나눠 주었더니 그 후 며칠이 안 되어 둘째 아들이 재물을 다 모아 가지고 먼 나라에 가 거기서 허랑방탕하여 그 재산을 낭비하더니 다 없앤 후 그 나라에 크게 흉년이 들어 그가 비로소 궁핍한지라 가서 그 나라 백성 중 한 사람에게 붙여 사니 그가 그를 들로 보내어 돼지를 치게 하였는데 그가 돼지 먹는 쥐엄 열매로 배를 채우고자 하되 주는 자가 없는지라 이에 스스로 돌이켜 이르되 내 아버지에게는 양식이 풍족한 품꾼이 얼마나 많은가 나는 여기서 주려 죽는구나 내가 일어나 아버지께 가서 이르기를 아버지 내가 하늘과 아버지께 죄를 지었사오니 지금부터는 아버지의 아들이라 일컬음을 감당하지 못하겠나이다 나를 품꾼의 하나로 보소서 하리라 하고 이에 일어나서 아버지께로 돌아가니라 아직도 거리가 먼데 아버지가 그를 보고 측은히 여겨 달려가 목을 안고 입을 맞추니 아들이 이르되 아버지 내가 하늘과 아버지께 죄를 지었사오니 지금부터는 아버지의 아들이라 일컬음을 감당하지 못하겠나이다 하나 아버지는 종들에게 이르되 제일 좋은 옷을 내어다가 입히고 손에 가락지를 끼우고 발에 신을 신기라 그리고 살진 송아지를 끌어다가 잡으라 우리가 먹고 즐기자 이 내 아들은 죽었다가 다시 살아났으며 내가 잃었다가 다시 얻었노라 하니 그들이 즐거워하더라 나와 함께 있으니 내 것이 다 네 것이로되 이 네 동생은 죽었다가 살아났으며 내가 잃었다가 얻었기로 우리가 즐거워하고 기뻐하는 것이 마땅하다 하니라.

예수님은 이 이야기 속에서 하나님을 아버지로 묘사하고 계십니다. 그리고 둘째 아들은 우리 인간입니다. 아버지의 재물과 세상적인 쾌락에만 관심이 있는 집 떠난 둘째 아들은 하나님을 떠난 타락한 인간의 모습입니다.

이 이야기에 나타난 하나님은 자녀를 지극히 사랑하는 아버지입니다. 살아있는 아버지의 유산을 달라고 하는 것은 유대사회에서 있을 수 없는 일이었습니다. 그럼에도 아버지는 아들의 요구를 들어줍니다. 그리고 집을 박차고 떠나는 아들을 강제로 붙들지 않았습니다. 아버지는 집 떠난 아들을 그리워하고 기다리는 분입니다. 이처럼 하나님은 지금도 인생들을 기다리고 계십니다. 비록 죄를 지어 하나님을 배반했고 하나님의 곁을 떠났지만, 죄 가운데 고생하는 인생들이 돌아오기를 기다리고 계십니다. 그 아버지의 마음을 예수님은 우리에게 이야기해 주고 계십니다. 그래서 요한일서 4장

16절은 "하나님이 우리를 사랑하시는 사랑을 우리가 알고 믿었노니 하나님은 사랑이시라"고 고백하고 있습니다. 아버지의 사랑, 이것이 구원의 시작입니다.

그리고 여기에서 우리는 회개를 통한 거룩의 회복을 보게 됩니다. 예수님은 둘째 아들의 고백을 구체적으로 들려주고 계십니다. 하늘과 아버지 앞에, 즉 하나님과 사람 앞에 죄를 지었음을 고백하는 둘째 아들의 모습 속에서, 그리고 마음을 돌이키고 몸을 일으켜 아버지 집으로, 아버지 품으로 돌아오는 그 아들의 결단과 행동에서 우리는 성경이 말하는 회개를 배우게 됩니다.

2) 예수님을 믿음

둘째로 구원받는 믿음은 예수님을 그 대상으로 합니다. 인간은 어떻게 구원받습니까? 바로 예수님을 통해서 구원받습니다. 그러므로 앞에서 인용한 요한복음 3장 16절은 "하나님이 세상을 이처럼 사랑하사 독생자를 주셨으니 이는 그를 믿는 자마다 멸망하지 않고 영생을 얻게 하려 하심이라"고 가르치고 있는 것입니다. 사랑의 하나님은 우리가 범죄하고 심판을 받아 멸망하도록 내버려두지 않으시고 우리를 구원하시기 위해서 외아들 예수님을 보내셨습니다. 그러므로 참된 믿음은 예수 그리스도를 믿는 믿음입니다.

그러면 예수님은 어떤 분이십니까? 구체적으로 우리는 예수님에 관해서 어떤 것을 믿는 것입니까? 이 질문은 중요합니다. 우리가 예수 그리스도를 믿는다고 할지라도 예수님이 누구신지를 정확히 알지 못한다면 잘못된 믿음이나 맹목적인 믿음이 될 수 있기 때문입니다. 성경은 우리의 믿음이 맹목적인 믿음이 아니라 진리에 관한 지식을 전제하는 인격적인 믿음임을 분명히 가르치고 있습니다. 믿음은 들음에서 나며, 들음은 그리스도의 말씀으로 말미암았다고 로마서 10장 17절에서 말씀하고 있습니다. 만일 우리가 그리스도에 관한 정확하고 기본적인 이해 없이 믿기만 한다면 구원과 무관한 믿음을 가질 수도 있습니다.

그렇다면 성경이 가르치는 예수님은 어떤 분입니까? 신약성경 전체는 예수님을 증거하고 있으며, 참으로 다양한 증언들을 담고 있습니다. 예를 들어 마태복음은 예수님을 유대인의 왕으로, 마가복음은 예수님을 섬김의 종으로, 누가복음은 예수님을 참된 인간이자 치료자로, 요한복음은 하늘에서 내려오신 하나님의 아들 구세주로 가르치고 있습니다. 사도행전은 예수님을 부활하신 분으로, 로마서는 예수님을 우리를 죄로부터 구해주신 분으로, 갈라디아서는 예수님을 자유를 주시는 분으로, 히브리서는 예수님을 참된 제사장으로, 에베소서는 예수님을 만물의 통치자요 교회의 머리로, 요한계시록은 예수님을 재림의 주요 심판하시는 왕으로 강조하고 있습니다.

그리고 이 모든 지식은 예수님을 이해하는데 있어서 꼭 필요한 것입니다. 따라서, 예수님을 이해하는 것은 지속적인 성경연구와 기도가 필요한 일입니다. 그래서 사도 베드로는 베드로후서 3장 18절에서 "오직 우리 주 곧 구주 예수 그리스도의 은혜와 그를 아는 지식에서 자라 가라"고 권면합니다.

또한 성경은 구원받기 위해서 예수님에 관해 꼭 알아야 할 요약적인 지식들을 제시하고 있습니다. 복음전도설교가 바로 그것입니다. 성경에는 여러 편의 복음설교를 기록하고 있습니다. 사도행전 13장 16-41절에 기록된 바울의 전도설교를 함께 읽어보겠습니다. 조금 길지만, 바울이 안디옥에서 전한 이 설교는 그 내용이 기록된 바울의 첫 설교라는 점에서 매우 흥미롭습니다.

바울이 일어나 손짓하며 말하되 이스라엘 사람들과 및 하나님을 경외하는 사람들아 들으라 이 이스라엘 백성의 하나님이 우리 조상들을 택하시고 애굽 땅에서 나그네 된 그 백성을 높여 큰 권능으로 인도하여 내사 광야에서 약 사십 년간 그들의 소행을 참으시고 가나안 땅 일곱 족속을 멸하사 그 땅을 기업으로 주시기까지 약 사백오십 년간이라 그 후에 선지자 사무엘 때까지 사사를 주셨더니 그 후에 그들이 왕을 구하거늘 하나님이 베냐민 지파 사람 기스의 아들 사울을 사십 년간 주셨다가 폐하시고 다윗을 왕으로 세우시고 증언하여 이르시되 내가 이새의 아들 다윗을 만나니 내 마음에 맞는 사람이라 내 뜻을 다 이루리라 하시더니 하나님이 약속하신 대로 이 사람의 후손에서 이스라엘을 위하여 구주를 세우셨으니 곧 예수라 그가 오시기에 앞서 요한이 먼저 회개의 세례를 이스라엘 모든 백성에게 전파하니라 요한이 그 달려갈 길을 마칠 때에 말하되 너희가 나를 누구로 생각하느냐 나는 그리스도가 아니라 내

뒤에 오시는 이가 있으니 나는 그 발의 신발끈을 풀기도 감당하지 못하리라 하였으니 형제들아 아브라함의 후손과 너희 중 하나님을 경외하는 사람들아 이 구원의 말씀을 우리에게 보내셨거늘 예루살렘에 사는 자들과 그들 관리들이 예수와 및 안식일마다 외우는 바 선지자들의 말을 알지 못하므로 예수를 정죄하여 선지자들의 말을 응하게 하였도다 죽일 죄를 하나도 찾지 못하였으나 빌라도에게 죽여 달라 하였으니 성경에 그를 가리켜 기록한 말씀을 다 응하게 한 것이라 후에 나무에서 내려다가 무덤에 두었으나 하나님이 죽은 자 가운데서 그를 살리신지라 갈릴리로부터 예루살렘에 함께 올라간 사람들에게 여러 날 보이셨으니 그들이 이제 백성 앞에서 그의 증인이라 우리도 조상들에게 주신 약속을 너희에게 전파하노니 곧 하나님이 예수를 일으키사 우리 자녀들에게 이 약속을 이루게 하셨다 함이라 시편 둘째 편에 기록한 바와 같이 너는 내 아들이라 오늘 너를 낳았다 하셨고 또 하나님께서 죽은 자 가운데서 그를 일으키사 다시 썩음을 당하지 않게 하실 것을 가르쳐 이르시되 내가 다윗의 거룩하고 미쁜 은사를 너희에게 주리라 하셨으며 또 다른 시편에 일렀으되 주의 거룩한 자로 썩음을 당하지 않게 하시리라 하셨느니라 다윗은 당시에 하나님의 뜻을 따라 섬기다가 잠들어 그 조상들과 함께 묻혀 썩음을 당하였으되 하나님께서 살리신 이는 썩음을 당하지 아니하였나니 그러므로 형제들아 너희가 알 것은 이 사람을 힘입어 죄 사함을 너희에게 전하는 이것이며 또 모세의 율법으로 너희가 의롭다 하심을 얻지 못하던 모든 일에도 이 사람을 힘입어 믿는 자마다 의롭다 하심을 얻는 이것이라 그런즉 너희는 선지자들을 통하여 말씀하신 것이 너희에게 미칠까 삼가라 일렀으되 보라 멸시하는 사람들아 너희는 놀라고 멸망하라 내가 너희 때를 당하여 한 일을 행할 것이니 사람이 너희에게 일러줄지라도 도무지 믿지 못할 일이라 하였느니라 하니라.

이 복음전도설교가 제시하고 있는 예수님에 관한 기본적인 지식을 요약하면 다음과 같습니다.

- 예수님은 다윗의 후손이십니다 .
- 예수님은 세례요한이 증거한 구세주이십니다.
- 예수님은 하나님이 보내신 구원의 말씀이십니다.
- 예수님은 죄없이 억울한 죽음을 당하셨습니다.
- 예수님은 무덤에서 부활하셨습니다.
- 예수님의 부활을 여러 사람들이 보았습니다.
- 예수님을 힘입어 유대인과 이방인들이 죄사함을 받고
  의롭다함을 얻습니다 .
- 예수님을 믿지 않으면 심판을 받습니다.

이것이 구원과 관련하여 예수님에 관해 제시되고 있는 지식입니다. 오늘날 우리 한국인은 유대인이 아니므로 예수님을 전할 때 다윗과 세례요한과의 역사적인 관련성을 군이 강조하지 않습니다. 그러나 그 외의 부분들은 예수님에 대해서 구원과 관련하여 우리가 꼭 알아야 할 사실이라고 할 수 있습니다. 이를 좀 더 명확히 정리하자면 다음과 같은 사실입니다.

- 예수님은 하나님의 외아들이십니다.(예수님의 신성)
- 예수님은 인간의 죄를 해결하시기 위해서 인간으로 오셨습니다.(예수님의 인성)
- 예수님은 인간의 죄값을 대신 치르시기 위해서 십자가에서 못박혀 죽으셨습니다.(예수님의 대속적인 죽음, 요한계시록 5:9)
- 예수님은 인간의 구원을 위해서 다시 살아 나셨습니다.(예수님의 부활, 고린도전서 15:14-17)

끝으로 예수님에 대해 우리가 알아야 기억할 것은 예수님이 우리를 사랑하신다는 사실입니다. 갈라디아서 2장 20절은 예수님을 "나를 사랑하사 나를 위하여 자기 자신을 버리신 하나님의 아들"로 소개하고 있습니다. 이 고백을 한 사도바울은 예수님의 사랑을 분명히 알았습니다. 그가 일생을 바쳐 예수님을 따랐고 예수님을 증거했던 것은 예수님의 이 사랑을 받았기 때문이었습니다. 에베소교회에 보낸 편지에 기록된 바울의 다음 기도는 그의 마음의 중심을 담고 있습니다.

이러므로 내가 하늘과 땅에 있는 각 족속에게 이름을 주신 아버지 앞에 무릎을 꿇고 비노니 그의 영광의 풍성함을 따라 그의 성령으로 말미암아 너희 속사람을 능력으로 강건하게 하시오며 믿음으로 말미암아 그리스도께서 너희 마음에 계시게 하시옵고 너희가 사랑 가운데서 뿌리가 박히고 터가 굳어져서 능히 모든 성도와 함께 지식에 넘치는 그리스도의 사랑을 알고 그 너비와 길이와 높이와 깊이가 어떠함을 깨달아 하나님의 모든 충만하신 것으로 너희에게 충만하게 하시기를 구하노라(에베소서 3:14-19).

어떻게 믿는 것인가?

그러면 믿음은 어떤 것입니까? 믿음이라는 말도 여러 가지 의미를 가지고 있습니다. 그렇다면 구원을 얻는 믿음이란 어떤 것입니까?

1) 지식적인 동의

우선 믿음은 하나님과 예수님에 대한 지식적인 동의를 의미합니다. 참된 믿음은 맹목적인 것이 아니기 때문입니다. 따라서 믿음은 앞에서 설명한 하나님과 예수님에 관한 사실에 대해 전적으로 동의하는 지식적 동의를 의미합니다. 다시 말해서 참 믿음은 하나님은 사랑이시며, 거룩하심을 인정합니다. 그리고 참 믿음은 예수님이 하나님의 아들이시고 하나님이시라는 것과, 그가 우리의 죄의 문제를 해결하시기 위해서 예수님께서 참 인간이 되셨고 인류의 죄 값을 짊어지시고 십자가에서 처형되셨으며 인류의 구원을 위해서 부활하여 살아나심을 역사적인 사실이자 진실로 인정합니다. 초대 교회 시절부터 믿음의 이러한 내용에 대해서 이단들의 많은 도전이 있어 왔고, 오늘날에도 이러한 도전은 계속되고 있기 때문에 우리는 언제나 믿음의 대상에 대한 정확한 이해를 가져야 할 것입니다.

2) 인격적인 신뢰

그러나 우리는 예수님에 대한 지식적 동의만으로는 구원받지 못합니다. 야고보서 2장 19절은 "네가 하나님은 한 분이신 줄을 믿느냐 잘하는 도다 귀신들도 믿고 떠느니라"고 말씀합니다. 이 말씀이 지적하는 것은 귀신들도 하나님에 대한 객관적 지식을 가지고 있다는 사실입니다. 마가복음 1장 24절에 보면 귀신도 예수님의 신적인 본성을 알고 그것을 말하고 있습니다. 그러나 이러한 것들이 귀신들이 구원받았다는 것을 의미하는 것은 결코 아닙니다. 그렇다면 구원에 이르는 믿음은 어떤 것입니까? 어떻게 믿어야 구원을 받을 수 있습니까?

성경에서 설명하는 믿음은 예수님을 인격적으로 신뢰하고 받아들이는 것입니다. 앞에서 구원의 의미를 설명할 때에도 강조한 것이지만, 구원이란 하나님과의 관계성이며, 예수님을 믿는다는 것은 단지 예수님에 대한 지식적인 동의나 인정을 넘어서 예수님과 인격적인 신뢰의 관계를 맺는 것입니다. 그렇습니다. 신뢰의 관계입니다. 요한계시록 3장 20절에 보면 예수님께서 "볼지어다 내가 문 밖에 서서 두드리노니 누구든지 내 음성을 듣고 문을 열면 내가 그에게로 들어가 그와 더불어 먹고 그는 나와 더불어 먹으리라"고 말씀하고 있습니다. 이 구절에서 우리는 믿음이 인격적 신뢰의 관계 형성이라는 것을 발견하게 됩니다.

우리는 성경이 말하는 예수님과 인간의 관계성에 기초해서 예수님을 믿는 신뢰의 믿음을 다음 두 가지로 나누어 설명할 수 있습니다.

"예수님을 나의 구주로 신뢰하는 것입니다."

이것은 내가 예수님을 내 죄의 문제를 해결하신 분으로 신뢰하고 받아들이는 것입니다.

"예수님을 나의 삶의 주인으로 신뢰하는 것입니다."

이것은 내가 예수님을 내 삶의 인도자로 신뢰하고 받아들이는 것입니다.

여기에서 우리는 어쩌면 모순적으로 보이는 표현을 발견하게 되는데, 예수님을 삶의 주인으로 인격적으로 받아들인다는 표현입니다. 다른 존재를 삶의 주인으로 받아들인다는 것은 다른 존재의 종이 된다는 것과 마찬가지인데 주인과 종의 관계를 인격적인 관계라고 표현하는 것은 문제가 있지 않을까요? 주인과 종의 인격적 관계라는 것이 과연 얼마나 인격적일 수 있을까요? 혹시 예수님은 우리를 종으로 삼기 위해서, 우리의 인생을 지배하기 위해서 우리를 구원하시는 게 아닐까요?

이 문제를 풀기 위해서 우리는 다음 두 가지를 이해해야 합니다. 첫째 모든 인간은 이미 죄의 노예라는 사실입니다. 우리는 자유인인 것 같지만 실상은 죄에 매인 죄의 종이며, 원조 죄인이라 할 수 있는 사탄의 노예입니다. 그래서 사람은 가만히 내버려두면 본능적인 욕망을 향해 흘러가며, 그 끝에는 죄를 짓게 되는 것입니다. 그래서 로마서 6장 17절은 우리를 "본래 죄의 종"이라고 말씀합니다. 최초에는 하나님의 자녀로 창조되었지만, 범죄함으로 죄의 종이 된 것입니다. 심판과 죽음을 기다리는 죄의 종 말입니다.

둘째 이러한 죄인을 구원하시기 위해 자신의 모든 것을 버리신 예수님은 우리 인생에 대해 소유권을 가지고 계십니다. 예수님은 하나님의 권위, 위엄, 권리를 버리고 피조물인 인간이 되셨고, 인간들 가운데 가장 고생스러운 삶을 사셨으며 가장 참혹하고 억울한 죽음으로 처형당하셨습니다. 그 결과는 무엇입니까? 예수님은 모든 인류의 생명의 소유자가 되셨습니다. 그래서 요한계시록 5장 9절에는 하늘에 울려 퍼지는 사람들의 찬양을 다음과 같이 기록하고 있습니다.

그들이 새 노래를 불러 이르되 두루마리를 가지시고 그 인봉을 떼기에 합당하시도다 일찍이 죽임을 당하사 각 족속과 방언과 백성과 나라 가운데에서 사람들을 피로 사서 하나님께 드리시고.

즉, 이 하늘의 찬양은 예수님께서 당신의 피로 사람들을 사셨다고 표현하고 있습니다. 주님은 당신의 모든 것을 드려서 인간을 "사셨으며" 법적으로 인간의 소유자가 되신 것입니다.

따라서 인간은 누군가의 종입니다. 죄에 매인 마귀의 종이거나, 예수님의 종입니다. 그래서 로마서 6장 19절은 이렇게 가르치고 있습니다.

너희 육신이 연약하므로 내가 사람의 예대로 말하노니 전에 너희가 너희 지체를 부정과 불법에 내주어 불법에 이른 것 같이 이제는 너희 지체를 의에게 종으로 내주어 거룩함에 이르라.

다시 말해서 이전에 우리가 죄의 종이었던 것처럼 이제는 의로운 삶의 종이 되라는 것입니다.

그런데 이 성경구절에 "사람의 예대로" 라는 독특한 표현이 하나 있습니다. 이 말은 '알아듣기 쉽게 말하자면' 혹은 '단순하게 말하자면'이라는 의미를 담고 있습니다. 그 반대말은 "하나님의 예대로" 혹은 "본질적으로"와 같은 표현이 될 것입니다. 다시 말해서 "의에게 종이 된다"는 표현의 이면에는 좀 더 본질적인 의미가 담겨 있다는 것입니다. 그렇다면 그 본질적인 의미는 무엇일까요?

우리가 믿음을 통해서 예수님을 인생의 주인으로 모시고, 우리가 "의의 종"이 되는 것의 본질적인 의미는 주님께서 우리를 자유인으로 만들어 가시는 과정이라는 것입니다. 다시 말해서 예수님은 우리를 종으로 부리기 위해서가 아니라 오히려 인간의 참된 자유를 회복시키기 위해 인간의 주인이 되신 것입니다. 이것이 우리가 처음에는 잘 알지 못했던 예수님의 의도입니다. 죄악의 노예로 살아온 인간들은 예수님으로 인해서 죄의 사슬을 끊고 놓임을 받았다고 할지라도, 여전히 과거의 죄악된 습관과 생활방식에 사로잡혀 있습니다. 쉽게 말하자면 중독자들입니다. 우리는 꼭 마약을 하지 않더라도 여러 가지 것에 중독되어 있고 그로 인한 다양한 고통증세를 앓고 있습니다. 그것을 끊고 나서도 몸에 남아있는 중독된 것의 영향으로 인해 금단현상에 시달리며 그것을 다시 찾기도 합니다. 그래서 하나님의 자녀가 되었다고 할지라도 신앙적인 삶이나 하나님 나라의 사고방식에 문외한일 뿐만 아니라 그렇게 살아갈 수가 없는 것입니다. 마치 오랫동안 이집트에서 노예생활을 해온 이스라엘 백성들이 해방된 후에도 노예적이고 폭력적이며 우상숭배적 사고와 행태를 보이는 것과 같습니다.

그렇다면 이들이 노예적인 생각과 생활방식을 극복하는 방법은 무엇일까요? 그것은 바로 예수님께 순종하는 길입니다. 예수님을 주님으로 섬기는 순종을 통해서만 우리는 본성에 스며든 죄악의 흔적들을 지우고 하나님의 자녀로 살아갈 수 있습니다. 그래서 예수님은 마태복음 11장 28-29절에서 다음과 같이 말씀하십니다.

수고하고 무거운 짐 진 자들아 다 내게로 오라 내가 너희를 쉬게 하리라 나는 마음이 온유하고 겸손하니 나의 멍에를 메고 내게 배우라 그리하면 너희 마음이 쉼을 얻으리니.

예수님을 믿는 사람들은 죄와 형벌과 세상의 멍에들로부터 해방되는 영광을 받았습니다. 그러나 그들은 여전히 예수님이 주시는 멍에를 메야 합니다. 그리고 그 멍에를 메고 배워야 합니다. 그 멍에는 우리를 살리는 멍에이고, 하나님의 자녀로 살아가는 법을 가르치는 멍에입니다. 멍에를 메고 훈련의 과정을 거쳐야 합니다.

우리가 믿음으로 주님의 종으로 살아가면 언젠가 요한복음 15장 14-15절에 말씀하셨던 것처럼 주님은 우리에게 이렇게 말씀하실 것입니다.

너희는 내가 명하는 대로 행하면 곧 나의 친구라 이제부터는 너희를 종이라 하지 아니하리니 종은 주인이 하는 것을 알지 못함이라 너희를 친구라 하였노니 내가 내 아버지께 들은 것을 다 너희에게 알게 하였음이라.

예수님은 제자들을 불러서 훈련시키고, 순종을 요구하셨습니다. 그러나 제자훈련이 마칠 즈음 예수님은 제자들을 친구로 부르셨습니다. 놀랍지 않습니까? 감히 우리가 예수님을 친구 삼을 수 있다니 말입니다. 예수님의 종으로 시작해서 우리는 예수님의 친구로, 하나님의 자녀다운 자녀로 성숙해 가는 것입니다. 그래서 예수님을 삶의 주인으로 영접하는 것은 중요합니다.

영국의 복음주의 신학자 존 스토트는 오늘날 기독교 신앙인들의 문제점이 예수님을 인생의 구주로는 영접하지만 삶의 주인으로 영접하지 않는 데 있는 것이라고 지적합니다.[23]

예수님을 주인으로 모시는 믿음과 관련하여 성경은 한 가지 교훈을 더 말씀합니다. 그것은 예수님 자신이 그런 종의 삶을 살아가셨다는 것입니다. 죄로 인해서 참된 자유를 잃어버린 우리 인간이 걸어가야 할 길, 예수님을 구주로 모시고 예수님께 복종함으로써 하나님의 자녀답게 사는 법을 예수님께서는 이미 보여주셨고 가르쳐 주셨습니다. 예수님은 이처럼 우리 인생의 완전한 모범이 되십니다. 빌립보서 2장 5-12절은 이것을 잘 설명하고 있습니다. 좀 길지만 함께 읽어봅시다.

> 너희 안에 이 마음을 품으라 곧 그리스도 예수의 마음이니 그는 근본 하나님의 본체시나 하나님과 동등됨을 취할 것으로 여기지 아니하시고 오히려 자기를 비워 종의 형체를 가지사 사람들과 같이 되셨고 사람의 모양으로 나타나사 자기를 낮추시고 죽기까지 복종하셨으니 곧 십자가에 죽으심이라 이러므로 하나님이 그를 지극히 높여 모든 이름 위에 뛰어난 이름을 주사 하늘에 있는 자들과 땅에 있는 자들과 땅 아래에 있는 자들로 모든 무릎을 예수의 이름에 꿇게 하시고 모든 입으로 예수 그리스도를 주라 시인하여 하나님 아버지께 영광을 돌리게 하셨느니라 그러므로 나의 사랑하는 자들아 너희가 나 있을 때뿐 아니라 더욱 지금 나 없을 때에도 항상 복종하여 두렵고 떨림으로 너희 구원을 이루라.

그렇습니다. 예수님은 아버지 하나님의 뜻에 순종하셔서, 자신의 영광과 권위와 주권을 모두 내려놓으시고 이 땅에 인간으로 오셔서 목수로, 예언자로 섬기시다가 자기를 완전히 비우시고 사형장의 이슬로 죽으셨습니다. 죽기까지 복종하신 것입니다. 이것이 우리가 가야할 믿음의 길입니다. 문득 최근에 작고하신 영성가 달라스 윌러드의 말이 귀에 맴돕니다. "무조건 예수님을 따르십시오. 가다보면 알게 될 것입니다."

이제 앞에서 설명한 믿음의 대상과 믿음의 방법들을 요약해 봅시다. 우선, 사랑의 하나님과 함께 예수 그리스도가 믿음의 대상이라는 사실입니다. 그리고 예수님에 대한 믿음은 지식적인 동의를 넘어서서 예수님을 인격적으로 신뢰하고 받아들이는 것을 포함한다는 사실입니다. 또한 예수님을 인격적으로 받아들인다는 것은 예수님을 나의 삶의 구원자요 주인으로 동시에 인정하고 초청한다는 것입니다.

이러한 핵심 요소들을 담아서 믿음을 한 문장으로 정의한다면 우리는 다음과 같이 말할 수 있겠습니다.

"믿음은 예수 그리스도가 하나님의 아들이시며, 우리의 죄를 해결하시기 위해 인간으로 오셔서 십자가에 죽으심으로 내 죄 값을 대신 치르시고 우리의 구원을 위해서 부활하신 것을 믿는 것입니다. 그리고 그 예수님을 내 삶의 구원자요 주인으로 인격적으로 받아들이는 것입니다."

여러분은 이 믿음을 가지셨습니까? "예수님 저는 죄인입니다. 저는 예수님을 제 삶의 구원자요 주인으로 초청합니다." 여러분은 진심으로 이러한 믿음의 고백을 예수님께 드린 적이 있습니까? 이 고백과 함께 예수님을 여러분 마음의 중심에 초청하셨습니까?

만일 이 글을 읽는 여러분이 아직 이러한 고백을 드린 적이 없다면, 이 믿음을 가진 적이 없다면 지금이라도 그렇게 하시기를 저는 진심으로 권해 드립니다. 이 단순하고 진실한 고백이야말로 여러분이 구원을 받는 길이기 때문입니다. 지금 눈을 감고 진심으로 이 고백을 예수님께 드리기를 바랍니다. 이전에 이 고백을 드린 분도 다시 한 번 믿음의 고백을 예수님께 드리기를 바랍니다. 유다서 1장 20절 말씀은 "사랑하는 자들아 너희는 너희의 지극히 거룩한 믿음 위에 자신을 세우며" 라고 권합니다. 예수 그리스도에 대한 이 믿음과 고백을 드리는 것이야말로 우리 삶의 진정한 토대가 됩니다. 그리 한다면 천국을 향해 가는 순례자의 항해길에서 깨어지지 않고 침몰하지 않는 배가 되어줄 것입니다.

믿음을 갖게 되면
어떤 변화가 생기나?

믿음을 갖게 될 때, 예수님을 내 삶의 구주요 주인으로 영접한다면 어떠한 일이 일어납니까? 구원을 받게 됩니다. 다시 말해 우리가 이 땅의 삶을 마칠 때 천국에 들어가게 되는 것입니다. 그런데 믿음으로 받는 구원은 죽어서 누리게 되는 내세적인 구원뿐만이 아닙니다. 하나님의 구원은 인간의 삶에 전방위적으로 확산되어 그야말로 엄청난 변화들을 일으킵니다. 믿는 사람의 본성이 변하고 운명이 변하면서 인생의 길이 달라지는 것입니다. 이번 장에서는 이러한 변화들 가운데 중요한 것 몇 가지를 살펴보겠습니다.

1) 죄의 용서

첫째 예수님을 믿음으로 영접할 때 우리는 우리의 죄를 용서 받습니다. 인간이 하나님으로부터 분리되어 절망과 죽음의 길을 가게 된 이유는 인간이 저지른 죄 때문입니다. 그런데 예수님을 영접함으로 죄의 문제가 해결된 것입니다. 에베소서 1장 7절은 "우리는 그리스도 안에서 그의 은혜의 풍성함을 따라 그의 피로 말미암아 속량 곧 죄 사함을 받았느니라"고 선포합니다. 초대교회의 핵심적인 메시지 역시도 예수님의 이름으로 죄사함을 받는 것이었습니다. 사도행전 2장 38절에서 베드로의 설교의 결론은 다음과 같습니다.

> 너희가 회개하여 각각 예수 그리스도의 이름으로 세례를 받고 죄 사함을 받으라.

인간이 도저히 해결할 수 없는 죄의 문제를 예수님이 해결하셨다는 것입니다. 그리고 우리는 믿음으로 죄사함을 받습니다.

기독교신학에서는 죄사함을 표현하는 다른 용어로 칭의(稱義, Justification)라는 용어를 사용합니다. 칭의는 "의롭다고 부른다" 혹은 "의롭게 여기다"는 뜻입니다. 인간은 많은 죄를 지었고, 또 본성적으로 타락한 죄인입니다. 그런데 예수님이 우리 대신 죄 값을 치르시고 희생하신 그 공로, 즉 대속(代贖, atonement)을 통해서 우리의 죄를 용서받았기 때문에 의롭게 여김을 받았다는 것입니다. 로마서 3장 22-24절은 다음과 같이 말씀합니다.

> 모든 사람이 죄를 범하였으매 하나님의 영광에 이르지 못하더니 그리스

도 예수 안에 있는 속량으로 말미암아 하나님의 은혜로 값없이 의롭다 하심을 얻은 자 되었느니라.

예수님으로 인해 하나님 앞에서 의로운 사람으로 여기는 이 칭의의 축복은 우리 인생에게 진정한 안도감을 줍니다. 하나님의 불꽃같은 눈으로 우리 인생을 들여다보실 때, 하나님의 틀림없는 저울로 우리의 인생을 달아보실 때 그 누구도 자랑할 수 없을 것입니다. 누구도 하나님 앞에서 자신의 의로움을 내세울 수 없을 것입니다. 그러나 하나님의 눈길이 우리가 아니라 우리 앞에 서신 우리의 변호자, 우리의 대언자, 우리의 대속자이신 예수님의 의로우심을 주목하시고 우리를 그 안에서 인정하실 때 우리 인생은 진정으로 안도할 수 있게 되는 것입니다. 이것이 로마가톨릭교회의 행위구원의 교리를 넘어서게 된 종교개혁자들의 깨달음이었습니다. 이것이 종교개혁자 마르틴 루터가 찾은 진리였습니다. 그리고 이것이 복음주의 기독교의 깨달음이자 고백입니다.

2) 관계의 회복

둘째 믿음으로 하나님과의 관계가 회복됩니다. 참된 믿음이 우리에게 가져다주는 가장 큰 선물은 하나님과의 관계 회복입니다. 죄 사함이 중요한 것은 우리의 죄로 끊어졌던 하나님과의 관계가 다시 회복되기 때문입니다. 믿음을 갖기 전에는 하나님이 가증하게 여기시는 죄의 종으로 살았던 인생이 믿음을 갖게 됨으로써 하나님의 자녀로 변화하게 됩니다. 요한복음 1장 12절 말씀은 "영접하는 자 곧 그 이름을 믿는 자들에게는 하나님의 자녀가 되는 권세를 주셨으니"라고 선언하고 있습니다. 믿음으로 우리는 하나님의 자녀가 되는 것입니다. 예수님께서 우리에게 가져다주신 가장 큰 축복이 이것입니다.

이와 관련해서 예수님이 부활하신 후에 마리아를 만나 요한복음 20장 17절에서 말씀하신 것은 우리 모두에게 엄청난 충격이 아닐 수 없습니다.

나를 붙들지 말라 내가 아직 아버지께로 올라가지 아니하였노라 너는 내 형제들에게 가서 이르되 내가 내 아버지 곧 너희 아버지, 내 하나님 곧 너희 하나님께로 올라간다 하라 하시니.

예수님께서는 지금 당신의 아버지이신 하나님께서 다름 아닌 제자들의 하나님, 제자들의 아버지라고 말씀하시는 것입니다. 유대교를 포함하여 어느 종교도 신을 개인의 아버지로 부르지 못합니다. 그러나 예수님은 하나님과 우리의 관계를 회복시키시고 아버지로 부르게 하신 것입니다. 그래서 예수님은 하나님을 아버지로 부르며 기도하셨고, 제자들에게도 "그러므로 너희는 이렇게 기도하라 하늘에 계신 우리 아버지여"라는 기도를 가르쳐 주신 것입니다.

믿음으로 우리가 하나님의 자녀로 회복되는 것을 기독교 신학에서는 "양자됨(Adoption)"이라고 부르기도 합니다. 하나님께서 우리를 자녀로 삼으셨고 우리가 하나님의 자녀가 되었다는 뜻입니다. 로마서 8장 15절이 이것을 가르치고 있습니다.

너희는 다시 무서워하는 종의 영을 받지 아니하고 양자의 영을 받았으므로 우리가 아빠 아버지라고 부르짖느니라.

양자됨이 의미하는 것은 관계의 회복뿐만 아니라 우리의 신분 변화를 말하는 것이기도 합니다. 특히 하나님의 유업을 이어받는 상속자가 되는 것을 의미합니다. 갈라디아서 4장 7절 말씀은 이것을 말합니다.

그러므로 네가 이 후로는 종이 아니요 아들이니 아들이면 하나님으로 말미암아 유업을 받을 자니라.

믿음을 통해서 변화된 우리의 신분은 이외에도 많이 있습니다. 베드로전서 2장 9절 말씀은 그것을 잘 요약하고 있습니다.

그러나 너희는 택하신 족속이요 왕 같은 제사장들이요 거룩한 나라요 그의 소유가 된 백성이니 이는 너희를 어두운 데서 불러내어 그의 기이한 빛에 들어가게 하신 이의 아름다운 덕을 선포하게 하려 하심이라.

"택하신 족속"이라는 말은 원래 하나님의 택한 백성인 이스라엘을 가리키는 말입니다. 그러나 이제 예수님을 영접한 사람들은 모두 하나님의 택한 백성에 속한다는 말입니다. "왕 같은 제사장들"이라는 말은 원래 이스라엘 백성들 중에서 선택되어 하나님께 드리는 예배를 맡은 레위지파를 가리킵니다. 그러나 이제 예수님을 영접한 사람들은 이와 같이 제사장이 되어 하나님께 나아가 예배드릴 수 있다는 것입니다. 또한 사람들을 축복하고 그들을 위해 기도하는 영적인 사역을 감당할 수 있다는 것입니다. "거룩한 나라"라는 말은 죄를 이겼다는 것입니다. 본질상 죄인인 사람들은 예수님을 영접함으로써 죄의 권세를 이겼고, 죄를 이길 힘을 얻게 되었습니다. 그래서 이들은 거룩한 나라이며, 성경은 신앙인들을 "성도"라고 부릅니다. 성도는 다른 말로 성인(saint)입니다. 믿는 사람들은 다 성인인 것입니다. 이것이 놀라운 신분의 변화입니다.

3) 성령님이 오심

셋째 믿음으로 예수님을 영접할 때 성령님께서 우리 안에 오셔서 우리와 함께 하십니다. 하나님이 인간을 사랑하신다는 것도 참으로 놀라운 은혜이지만, 하나님이 매일의 일상 속에서 순간마다 인간과 함께 하신다는 것은 정말 상상할 수도 없는 은혜입니다. 그러나 하나님이 원하신 것은 우리와 함께 하시는 사랑인 것입니다. 그래서 예수님은 피조물인 인간이 되셔서 인류 가운데 거하심으로 "임마누엘" 즉 하나님이 우리와 함께 계심을 보여주셨습니다. 예수님은 거기에서 멈추지 않으시고 믿는 한 사람 한 사람과 믿는 한 교회 공동체마다 하나님의 영, 예수 그리스도의 영이신 성령님을 보내주시겠다고 요한복음 14장 16-17절에서 약속하셨습니다.

> 내가 아버지께 구하겠으니 그가 또 다른 보혜사를 너희에게 주사 영원토록 너희와 함께 있게 하리니 그는 진리의 영이라 세상은 능히 그를 받지 못하나니 이는 그를 보지도 못하고 알지도 못함이라 그러나 너희는 그를 아나니 그는 너희와 함께 거하심이요 또 너희 속에 계시겠음이라.

그리고 예수님이 약속하신 성령님은 사도행전 2장에서 오순절 날 초대교회에 오셔서 사람들을 충만하게 채워주셨습니다. 그래서 사도바울은 믿는 사람들을 만나면 이렇게 묻는 것입니다. "너희가 믿을 때에 성령을 받았느냐?"(사도행전 19:2) 그리고 성도들에게 "너희 몸은 너희가 하나님께로부터 받은 바 너희 가운데 계신 성령의 전인 줄을 알지 못하느냐?"(고린도전서 6:19) 이 말씀은 지금 여기에 하나님이 계신 것을 알려주는 것입니다! 그래서 우리는 예수님이 요한계시록 3장 20절에서 약속하신 것이 이루어졌음을 알게 됩니다.

> 볼지어다 내가 문 밖에 서서 두드리노니 누구든지 내 음성을 듣고 문을 열면 내가 그에게로 들어가 그와 더불어 먹고 그는 나와 더불어 먹으리라.

우리가 우리 마음의 문을 열고 믿음으로 초청할 때 정말로 성령님께서 우리 안에 들어와 함께 동거하시는 일이 일어나게 됩니다. 성경은 성령께서 믿는 사람의 영혼에 들어오시는 사건을 거듭난다고 말합니다. 신학적 용어로는 중생(重生, regeneration)이라고 합니다. 믿지 않는 사람들의 영혼은 하나님과 분리되어 죽어있습니다. 하지만 그가 예수님을 영접하는 순간 성령님께서 그의 영혼에 들어오셔서 그의 죽은 영혼을 다시 태어나게 해 주시는 것입니다. 이것은 눈에 보이지 않는 영적인 일이기 때문에 사람들이 잘 깨닫지 못하는 가운데 일어나는 일입니다. 마치 아기가 자신이 태어나는 순간을 이해하거나 기억하지 못하듯 말입니다. 그래서 예수님은 요한복음 3장 3절에서 유대인 지도자인 니고데모에게 "사람이 거듭나지 아니하면 하나님의 나라를 볼 수 없느니라"고 가르치셨고, 그것을 이해하지 못하는 그에게 6절과 7절에서 "육으로 난 것은 육이요 영으로 난 것은 영이니 내가 네게 거듭나야 하겠다 하는 말을 놀랍게 여기지 말라"고 말씀하셨던 것입니다.

성령께서 우리 안에 들어오실 때 일어나는 거듭남은 단지 하나의 비유가 아닙니다. 성령께서는 정말로 우리 안에 새로운 영, 새로운 마음, 새로운 본성을 창조하십니다. 이는 하나님께서 에스겔서 36장 26절에서 주신 약속과도 같습니다.

또 새 영을 너희 속에 두고 새 마음을 너희에게 주되 너희 육신에서 굳은 마음을 제거하고 부드러운 마음을 줄 것이며.

성령께서 우리 안에 새롭게 창조하신 이 새로운 본성으로 인해 예수님을 믿는 사람은 하나님을 아버지라 부르게 되고(로마서 8:15), 사람들을 사랑하게 되고, 선한 것과 정결한 것을 좋아하게 되는 것입니다. 그래서 고린도후서 5장 17절은 "그런즉 누구든지 그리스도 안에 있으면 새로운 피조물이라 이전 것은 지나갔으니 보라 새 것이 되었도다"고 선포하고 있습니다. 믿음으로 술이나 담배 혹은 음란한 습관을 끊어버리는 사람들이 많이 있습니다. 비뚤어지고 원망하는 생각들을 버리는 사람들이 있습니다. 보이지 않는 하나님을 사랑하고 교회를 사랑하고 사람들을 사랑하는 사람들이 있습니다. 성령께서 주시는 새로운 본성을 따를 때 일어나는 일입니다.

4) 하나님의 능력을 누림

넷째 믿음의 통로를 통해서 우리는 하나님의 능력을 공급받게 됩니다. 예수님을 통해서 하나님과 우리의 관계가 회복됨으로써, 또 새로운 신분을 얻게 됨으로써 하나님의 모든 사랑과 축복과 능력이 우리에게 다시 흘러들어오게 되는 것입니다. 우리의 모든 기도와 간구를 하나님께서 들어주시는 것입니다. 그래서 에베소서 3장 12절은 "우리가 그 안에서 그를 믿음으로 말미암아 담대함과 확신을 가지고 하나님께 나아감을 얻느니라"고 고백하고 있습니다. 우리가 예수님 안에서, 예수님을 믿을 때 담대함으로 하나님께 나아갈 수 있습니다. 그리고 하나님께 필요한 것을 구하고 받을 수 있습니다.

믿는 사람들이 모든 능력의 원천이신 하나님께 연결되어 있음을 깨달을 때 우리는 요한복음 16장 14절에서 말씀하신 예수님의 약속을 믿을 수 있습니다. 예수님은 다음과 같이 놀라운 약속을 주셨습니다.

내가 진실로 진실로 너희에게 이르노니 나를 믿는 자는 내가 하는 일을 그도 할 것이요 또한 그보다 큰 일도 하리니 이는 내가 아버지께로 감이라.

예수님께서는 연약한 제자들에게 인류구원의 사역을 맡기고 가시지만 염려하지 않으셨습니다. 그것은 하나님의 능력이 그들에게 공급될 것을 알고 계셨기 때문입니다. 요한1서 5장 4-5절은 그래서 이렇게 선포하고 있습니다.

무릇 하나님께로부터 난 자마다 세상을 이기느니라 세상을 이기는 승리는 이것이니 우리의 믿음이니라 예수께서 하나님의 아들이심을 믿는 자가 아니면 세상을 이기는 자가 누구냐?

믿음이 가져다주는 하나님의 능력 가운데 우리가 날마다 필요로 하는 것이 치유입니다. 치유는 예수님의 사역에서 본질적인 것이었습니다. 예수님은 아픈 사람을 고쳐주시는 일에 많은 힘을 쓰셨습니다. 예수님은 특히 믿음이 있는 환자들을 보실 때마다 그들을 고쳐주셨습니다. 누가복음에는 특히 이러한 예수님의 치유사역이 자세히 기록되어 있습니다. 예를 들어 누가복음 8장 48절은 "예수께서 이르시되 딸아 네 믿음이 너를 구원하였으니 평안히 가라 하시더라"고 기록하고 있습니다. 12년을 출혈병으로 고통 받은 여인이 믿음으로 예수님의 옷을 만졌을 때 치유가 일어났습니다. 그동안 한국교회는 이 여인처럼 하나님의 치유를 경험하고 누려왔습니다. 한국교회가 체험한 하나님의 치유 능력은 단지 신체적 질병의 치유만이 아니었습니다. 성도들은 믿음으로 정신적, 정서적, 관계적, 경제적 회복과 함께 치유를 받아 누렸습니다. 그래서 이처럼 건강하고 풍요롭게 살게 되었습니다.

　　오늘날 한국사회는 물질적으로 잘 살게 되고 자신을 돌볼 수 있는 힘을 갖게 되면서 하나님의 능력을 의지하는 힘이 약해지면서 점차 믿음이 약해지는 측면이 있습니다. 하지만 자본주의의 만연으로 사회가 점점 각박해지고 또 생태계 환경이 점차 황폐해지면서 서로에 대한 사랑이 식어가는 미래에도 우리는 여전히 주님의 치유가 필요할 것입니다. 돈과 욕망에 대한 중독 증세로부터, 고독과 권태의 병으로부터, 생태계의 파괴와 오염으로부터 발생하는 온갖 질병으로부터 치유받기 위해서 우리는 여전히 믿음으로 하나님께 나아가야 할 것입니다.

5) 영원한 생명

다섯째 믿음을 통해 우리는 영원한 생명을 받습니다. 우리가 믿음으로 받는 하나님의 능력은 이 땅에서 사는 동안만 유효한 것이 아닙니다. 우리는 믿음을 통해서 영원한 생명을 얻게 됩니다. 요한복음 3장 36절에서 예수님은 "아들을 믿는 자에게는 영생이 있고 아들에게 순종하지 아니하는 자는 영생을 보지 못하고 도리어 하나님의 진노가 그 위에 머물러 있느니라"고 말씀하셨습니다. 예수님을 믿으면 영생을 받게 된다는 것입니다. 이와 마찬가지로 베드로전서 1장 9절은 "믿음의 결국 곧 영혼의 구원을 받음이라"고 말씀합니다. 여기서 "결국"이란 "목표" 혹은 "끝"과 같은 말인데, 영혼의 구원이 결국 믿음의 목표 혹은 끝이라는 것입니다. 시간적으로 비교해 보면 이것은 옳은 말입니다. 이 땅에서 영위할 우리의 인생은 길어도 100년입니다. 그러나 하늘나라는 영원한 것입니다. 따라서 우리가 믿음을 지키는 것은 그것이 이 땅에서의 짧은 삶을 보람 있고 의미 있게 살게 하는 것이고, 궁극적으로는 영원한 삶을 열어주는 것이기 때문입니다.

6) 삶의 토대

여섯째 믿음은 우리의 삶에 가장 근본적인 토대를 제공합니다.

사람은 각각 근본적인 신념이나 정신적 지주를 가지고 있습니다. 그리고 그 신념을 의지하면서 삶을 살아가며, 그 정신적 지주 위에 자신의 삶을 세워갑니다. 어떤 사람은 세상에서의 성공이 신념이자 지주인 사람도 있습니다. 어떤 사람은 명예가 그렇습니다. 어떤 사람은 자녀나 남편을 근본적인 지주로 삼고 살아갑니다. 문제는 그들이 의지하는 근본적인 것들이 흔들릴 때 자신들의 삶도 걷잡을 수 없이 흔들린다는 사실입니다. 남편을 깊이 의지하고 살던 사람은 남편을 사별하거나 남편과 갈라설 때 삶의 공황상태에 빠지게 됩니다. 학교성적을 삶의 근본으로 삼던 학생이 1등에서 미끄러질 때 자살하는 경우도 있습니다. 돈을 근본적으로 의지하던 사람은 돈을 잃어버릴 때 절망하게 됩니다. 사람들의 인정이나 사람들의 사랑에 자신을 맡긴 사람들은 인기나 사랑을 잃어 버릴 때 그 삶도 끝나게 됩니다. 그러나 신앙인들은 믿음을 통해서 하나님을 그 삶의 토대로 삼는 사람들입니다. 그들에게는 흔들림이 없습니다. 왜냐하면 하나님께서 흔들림이 없으시기 때문입니다.

성경 전체는 하나님의 변함없으신 사랑을 증거하고 있습니다. 야고보서 1장 17절은 "온갖 좋은 은사와 온전한 선물이 다 위로부터 빛들의 아버지께로부터 내려오나니 그는 변함도 없으시고 회전하는 그림자도 없으시니라"고 변함없으신 하나님을 증거합니다. 그리고 유다서 1장 20절은 "사랑하는 자들아 너희는 너희의 지극히 거룩한 믿음 위에 자신을 세우며"라고 권면하고 있습니다.

상황과 환경은 변합니다. 인간의 마음과 생각도 변합니다. 어떤 것도 우리의 삶에 흔들리지 않는 궁극적인 토대와 신념을 주지 못합니다. 오직 예수님을 믿는 믿음만이 우리의 삶을 변함없으시고 영원하신 하나님 위에 건축하게 합니다.

7) 확신에 찬 삶

믿음은 또한 우리에게 담대함을 줍니다. 이 담대함은 우선 하나님 앞에서의 담대함입니다. 히브리서 10장 19-22절은 우리에게 이러한 사실을 가르쳐 줍니다.

그러므로 형제들아 우리가 예수의 피를 힘입어 성소에 들어갈 담력을 얻었나니 그 길은 우리를 위하여 휘장 가운데로 열어 놓으신 새로운 살 길이요 휘장은 곧 그의 육체니라 또 하나님의 집 다스리는 큰 제사장이 계시며 우리가 마음에 뿌림을 받아 악한 양심으로부터 벗어나고 몸은 맑은 물로 씻음을 받았으니 참 마음과 온전한 믿음으로 하나님께 나아가자.

여기에 나오는 성소는 지성소(the Most Holy Place)를 가리킵니다. 역사적 배경을 살펴보면 이 본문의 가르침은 정말로 놀라운 내용이 아닐 수 없습니다. 구약의 제사 제도에서 성소는 오직 임명받은 제사장들만 들어갈 수 있는 곳입니다. 그리고 지성소는 대제사장 한 사람만 일 년에 한 번 하나님을 뵈러 들어가는 극도로 제한된 공간입니다. 만일 대제사장이 성결하지 못하면 지성소에 들어가는 즉시 죽게 됩니다(레위기 16:1-5). 그런데 이제 예수님께서 자신의 피로 하나님께 제사를 드리게 됨으로써 모든 성도들이 예수님을 믿음으로 성소와 지성소에 나아갈 수 있게 된 것입니다. 즉 하나님을 만날 수 있게 된 것입니다. 그래서 히브리서 11장 6절은 다음과 같이 강권합니다.

> 믿음이 없이는 하나님을 기쁘시게 하지 못하나니 하나님께 나아가는 자는 반드시 그가 계신 것과 또한 그가 자기를 찾는 자들에게 상 주시는 이심을 믿어야 할지니라.

하나님은 믿음으로 하나님께 나아가는 사람들을 기뻐하십니다.

또한 이 담대함은 세상 속에서의 담대함입니다. 요한복음 16장 33절은 "이것을 너희에게 이르는 것은 너희로 내 안에서 평안을 누리게 하려 함이라 세상에서는 너희가 환난을 당하나 담대하라 내가 세상을 이기었노라"는 예수님의 말씀을 전합니다. 예수님을 믿고 예수님을 삶의 토대로 삼은 사람은 하나님 앞에서 담대하며, 그 결과로 세상에서도 담대합니다. 예수 믿는 사람들은 문자 그대로 "겁을 상실한" 사람들입니다. 사도행전 12장에 보면 야고보 사도가 붙잡혀 순교를 당하고, 이어서 베드로까지 붙잡혀 감옥에 갇히게 된 사건이 나옵니다. 틀림없이 처형을 당할 상황에 놓인 베드로는 그런 상황인데도 감방 안에서 깊은 잠에 빠져 있습니다. 그래서 7절에서 그를 구하러 온 천사는 애를 먹습니다.

홀연히 주의 사자가 나타나매 옥중에 광채가 빛나며 또 베드로의 옆구리를 쳐 깨워 이르되 급히 일어나라 하니 쇠사슬이 그 손에서 벗어지더라.

절대 절명의 위기 앞에서도 숙면을 취하는 베드로, 그래서 천사가 옆구리를 쳐 깨워야 했던 베드로, 이것이 베드로가 가진 보배로운 믿음의 힘이요, 이 믿음이 가져다 주는 세상에서의 담대함입니다.

8) 영적인 보호

여덟째 믿음은 우리에게 영적인 보호를 줍니다. 영적인 세계에 무지한 대부분 신앙인들은 영적 존재인 원수 사탄과 악령의 세력에게 속수무책으로 당할 수밖에 없습니다. 합리주의적이고 물질적인 문명이 발달할수록 영적인 것은 더욱 무시됩니다. 그래서 우리가 영적으로 더욱 무지하게 되는 것이 오늘날의 현실입니다. 마치 눈을 가리고 상대방과 권투를 하듯이 영적인 싸움에서 우리는 불리한 입장에 있습니다. 그러나 하나님은 우리에게 다양한 영적인 보호장비를 허락하셨습니다. 그 중 하나가 믿음입니다. "모든 것 위에 믿음의 방패를 가지고 이로써 능히 악한 자의 모든 불화살을 소멸"하라고 에베소서 6장 16절은 가르치고 있습니다.

이 구절이 비유하고 있는 것은 전투상황입니다. 원수는 믿는 성도들을 향해서 불화살을 날리고 있습니다. 이 불화살에 맞으면 큰 부상과 화상을 입게 될 것입니다. 그렇지만 성도들에게는 방패가 있습니다. 여기에서 언급된 방패는 성경이 쓰인 당시에 로마제국의 군인들이 사용하던 방패일 것입니다. 로마군인의 방패는 대략 75×120센티미터 크기로서, 잘 사용한다면 몸 전체를 가릴 수 있는 크기입니다. 그리고 이 방패는 마와 가죽을 입혀 놓았기 때문에 전투에 임할 때 방패를 물로 적신다면 불화살이 박히더라도 타지 못하고 꺼지게 됩니다. 원수가 어떠한 방식으로 공격한다고 할지라도 믿음은 이 방패와 같이 우리를 온전히 보호해 준다는 것을 성경은 이 비유를 통해서 가르치고 있는 것입니다.

원수의 모든 공격, 즉 직접적인 영적공격이나, 인간관계, 상황과 환경, 경제적 문제, 질병 등 모든 경로를 통한 공격에 대해서 우리는 믿음으로 하나님의 보호하심을 받는다는 사실을 기억하십시다. 베드로전서 1장 5절도 "너희는 말세에 나타내기로 예비하신 구원을 얻기 위하여 믿음으로 말미암아 하나님의 능력으로 보호하심을 받았느니라"고 확인해 주고 있습니다. 이처럼 우리를 보호하시는 하나님을 찬양합니다.

9) 새로운 지식

아홉째 믿음은 우리에게 새로운 지식과 인식을 열어줍니다. 히브리서 11장 3절은 "믿음으로 모든 세계가 하나님의 말씀으로 지어진 줄을 우리가 아나니 보이는 것은 나타난 것으로 말미암아 된 것이 아니니라"고 말씀합니다. 오늘날 우리의 지식은 비약적으로 발전하고 있습니다. 날마다 새로운 과학기술들이 나와서 우리의 삶을 변화시키고 있습니다. 그러나 여전히 인간의 지식은 한계를 가지고 있습니다. 특히 자연주의적인 과학기술은 영적인 영역에 무지한 가운데 있습니다.

만일 우리가 현재 우리가 지닌 지식의 한계를 훌쩍 뛰어넘는 새로운 지식과 진리를 받아들일 수 있으려면 믿음이 필요합니다. 자신이 이해하지 못하기 때문에 거절하고 부정하는 것은 나름대로 지적인 정직성 때문이라고 볼 수 있겠지만 여전히 자기중심적인 인식에 머물러 있고, 객관적인 진리에 도달하지 못한다는 것은 문제입니다. 핸드폰의 작동원리를 거의 이해하지 못하는 사람들도 고가의 핸드폰을 구입하여 사용합니다. 그러나 그들은 믿음으로 하나님과 대화할 수 있다는 사실을 자신이 이해할 수 없다는 이유로 거절하기도 합니다.

사람들은 유한한 인간이 개발한 과학기술을 통해서 공간을 초월하여 서로 대화할 수 있게 되었다는 사실은 믿으면서도, 하나님이 무한하신 능력으로 차원을 초월하여 서로 대화할 수 있게 만들었다는 사실은 받아들이지 않습니다. 만약 우리가 핸드폰을 처음 보는 사람들과 만나게 된다면 핸드폰을 통해서 지구 반대쪽에 있는 사람들과 대화할 수 있다는 사실이 이해하기 어려우면 믿고 써보라고 말할 것입니다. 3절의 말씀은 이것을 지적하고 있습니다. 전혀 새로운 진리의 인식을 위해서는 믿음이 필요하다는 사실입니다. 진실하신 하나님의 말씀을 믿음으로서 그 차원의 진리들을 이해하기 시작한다는 것입니다. 인류가 태어나기 이전에 일어난 하나님의 창조에 대해서, 우리 안에 내주하시는 성령님의 역사하심에 대해서 성경이 가르쳐주는 것들을 믿음으로 받고 그 말씀대로 실천할 때 우리는 그것들을 경험하게 되고, 그 세계를 이해하기 시작하는 것입니다.

교회에서는 흔히 믿음이 성장한다는 말을 합니다. 이 말은 믿음에도 성장이 있다는 말일까요? 아니면 단순히 신앙인들이 교회생활에 적응한다는 표현일까요? 그런데 성경은 믿음에도 성장이 있다는 것을 가르치고 있습니다. 이번 장에서는 믿음의 성장이 무엇인지 알아보도록 하겠습니다.

먼저 성경은 사람들이 가진 믿음이 수준차이가 있다는 것을 다양하게 지적하고 있습니다. 로마서 12장 3절 은 "내게 주신 은혜로 말미암아 너희 각 사람에게 말하노니 마땅히 생각할 그 이상의 생각을 품지 말고 오직 하나님께서 각 사람에게 나누어 주신 믿음의 분량대로 지혜롭게 생각하라"고 믿음의 수준 혹은 믿음의 분량에 맞게 행동하라고 가르치고 있습니다. 이어지는 6절의 말씀도 은사의 사용에 있어서 믿음의 분량에 맞게 하라고 가르칩니다.

우리에게 주신 은혜대로 받은 은사가 각각 다르니 혹 예언이면 믿음의 분수대로….

그러나 성경은 지금 우리가 가진 믿음의 수준에 만족하지 않고 성장할 것을 명령합니다. 고린도후서 10장 15절 말씀은 "오직 너희 믿음이 자랄수록 우리의 규범을 따라 너희 가운데서 더욱 풍성하여

지기를 바라노라"고 믿음의 성장을 언급합니다. 데살로니가전서 3장 7절은 "주야로 심히 간구함은 너희 얼굴을 보고 너희 믿음이 부족한 것을 보충하게 하려 함이라"며 성도들의 부족한 믿음이 보충될 수 있음을 보여줍니다. 이와 유사하게 빌레몬서 1장 25절은 "내가 살 것과 너희 믿음의 진보와 기쁨을 위하여 너희 무리와 함께 거할 이것을 확실히 아노니"하는 사도바울의 말을 통해서 성도들의 믿음이 성장한다는 사실을 언급해 주고 있습니다.

히브리서 6장 1-2절 말씀 또한 신앙인의 믿음의 성장을 가르치고 있습니다.

> 그러므로 우리가 그리스도의 도의 초보를 버리고 죽은 행실을 회개함과 하나님께 대한 신앙과 세례들과 안수와 죽은 자의 부활과 영원한 심판에 관한 교훈의 터를 다시 닦지 말고 완전한 데로 나아갈지니라.

예수님에 관한 기본적인 지식을 믿는 것이 도의 초보입니다. 이것을 버리라는 말은 이 지식을 거부하라는 것이 아니라, 이 단계를 넘어서라는 것입니다. 죄를 지으면 회개하는 회개의 도리와 하나님에 대한 믿음, 세례에 관한 것과 안수기도와 죽은 사람들의 부활과 영원한 심판에 관한 가르침들이 헷갈리지 않도록 더 온전한 믿음의 삶을 지향하라는 가르침입니다. 이처럼 성경은 우리의 믿음이 계속해서 자라날 것을 지향하고 있습니다. 기독교 신학에서는 믿음이 자라는 것을 "성화(sanctification)"라고 부릅니다. 거룩해진다는 것입니다. 믿음이 자란다는 것은 하나님을 닮아가고 예수님을 닮아가는 것이기 때문에 하나님의 거룩을 닮아간다는 의미에서 성화라고 부르는 것입니다.

> **Q.** 그러면 믿음에도 단계가 있나?
> **A.** 그렇습니다. 성경은 초보적인 믿음과 성숙한 믿음의 단계가 있다고 가르칩니다.

성경은 순종이 따르지 않는 기초적인 믿음의 단계가 있고, 순종이 따르는 성숙한 믿음의 단계가 있음을 구분하고 있습니다.

첫째로, 마음과 입으로 믿는 초보적인 믿음의 단계가 있습니다. 이 단계의 믿음은 행함이나 삶의 모습과는 무관한 마음의 신뢰이며 또한 예수님을 구주로, 주님으로 고백하는 단계의 믿음입니다. 마음으로 믿는 믿음에 대해서 주로 말씀하고 있는 성경은 로마서와 갈라디아서입니다. 로마서 10장 9-13절의 말씀이 이 믿음을 잘 설명하고 있습니다.

네가 만일 네 입으로 예수를 주로 시인하며 또 하나님께서 그를 죽은 자 가운데서 살리신 것을 네 마음에 믿으면 구원을 받으리라 사람이 마음으로 믿어 의에 이르고 입으로 시인하여 구원에 이르느니라 성경에 이르되 누구든지 그를 믿는 자는 부끄러움을 당하지 아니하리라 하니 유대인이나 헬라인이나 차별이 없음이라 한 분이신 주께서 모든 사람의 주가 되사 그를 부르는 모든 사람에게 부요하시도다 누구든지 주의 이름을 부르는 자는 구원을 받으리라.

예수님이 주 되심을 입으로 고백하고, 또 예수님의 부활을 마음에 믿으면 구원을 받는다고 본문은 말씀하고 있습니다. 마음으로 믿어 의에 이르고 입으로 시인하여 구원에 이릅니다. 이 구원은 누구든지 차별 없이 받을 수 있는 것입니다. 누구든지 주의 이름을 부르면 구원을 받을 것입니다.

내용이 중요하기 때문에 성경의 다른 구절을 좀 더 보도록 하겠습니다. 로마서 3장 28절은 "그러므로 사람이 의롭다 하심을 얻는 것은 율법의 행위에 있지 않고 믿음으로 되는 줄 우리가 인정하노라"고 선포하고 있습니다. 여기에서 강조하는 믿음은 율법주의적인 노력으로는 의로운 삶을 살아갈 수 없기 때문에 그리스도의 의와 공로를 신뢰해야 한다는 것입니다.

갈라디아서 2장 16절에도 같은 말씀이 나옵니다.

사람이 의롭게 되는 것은 율법의 행위로 말미암음이 아니요 오직 예수 그리스도를 믿음으로 말미암는 줄 알므로 우리도 그리스도 예수를 믿나니 이는 우리가 율법의 행위로써가 아니고 그리스도를 믿음으로써 의롭다 함을 얻으려 함이라 율법의 행위로써는 의롭다 함을 얻을 육체가 없느니라.

율법의 행위, 즉 인간의 노력으로는 하나님의 높으신 도덕적 기준에 맞게 살아갈 사람이 없고, 오직 예수 그리스도의 공로를 믿는 믿음으로 우리가 하나님 앞에서 의롭다는 인정을 받을 수 있다는 것입니다.

에베소서 2장 8-9절에도 이와 같은 말씀이 있습니다.

너희는 그 은혜에 의하여 믿음으로 말미암아 구원을 받았으니 이것은 너희에게서 난 것이 아니요 하나님의 선물이라 행위에서 난 것이 아니니 이는 누구든지 자랑하지 못하게 함이라.

우리의 구원은 하나님께서 우리에게 주시는 선물입니다. 이 선물은 우리가 믿음으로 받은 것이지 우리의 선한 행위를 통해 상급으로 받은 것이 아닙니다. 그러므로 우리가 받은 구원에 대해서 우리는 아무것도 자랑할 것이 없다는 것입니다.

로마서 4장 1-8절은 이와 같이 기본적인 믿음의 차원을 아브라함의 예를 들어 설명하고 있습니다.

그런즉 육신으로 우리 조상인 아브라함이 무엇을 얻었다 하리요 만일 아브라함이 행위로써 의롭다 하심을 받았으면 자랑할 것이 있으려니와 하나님 앞에서는 없느니라 성경이 무엇을 말하느냐 아브라함이 하나님을 믿으매 그것이 그에게 의로 여겨진 바 되었느니라 일하는 자에게는 그 삯이 은혜로 여겨지지 아니하고 보수로 여겨지거니와 일을 아니할지라도 경건하지 아니한 자를 의롭다 하시는 이를 믿는 자에게는 그의 믿음을 의로 여기시나니 일한 것이 없이 하나님께 의로 여기심을 받는 사람의 복에 대하여 다윗이 말한 바 불법이 사함을 받고 죄가 가리어짐을 받는 사람들은 복이 있고 주께서 그 죄를 인정하지 아니하실 사람은 복이 있도다 함과 같으니라.

이 본문은 우리의 삶의 모습과 무관하게 우리가 하나님의 은혜를 믿음으로 하나님 앞에서 의롭게 여긴다는 사실을 가르치고 있습니다. 이것이 앞에서 말한 칭의의 믿음입니다. 하나님의 율법을 지킴으로 의롭다함을 받는다면 그것은 은혜가 아니라 보수를 받는 것이고 내가 번 것이라고 할 수 있습니다. 그러나 하나님의 은혜는 예수 그리스도의 공로를 받아들임으로 내가 한 것이 없어도 하나님의 인정하심을 받는 것입니다. 여기서의 믿음은 우리가 전심으로 예수님의 공로를 의지하는 것을 의미합니다. 이 믿음만이 우리를 하나님 앞에 서게 합니다. 온전히 거룩하시고 불꽃같은 눈으로 모든 것을 꿰뚫어 보시는 하나님 앞에 당당히 설 수 있는 인간은 아무도 없습니다. 오직 죄가 없으신 예수님, 우리를 위해 피 흘리신 예수님을 의지하고서 우리는 하나님 앞에 설 수 있는 것입니다.

이것이 아브라함의 믿음이었다고 성경은 말씀합니다. 아브라함은 하나님의 축복과 구원을 받을 특별한 자격을 갖고 있지 않았습니다. 하지만 아브라함에게는 특별한 한 가지가 있었습니다. 바로 하나님의 말씀을 믿었다는 사실입니다. 앞의 본문은 "성경이 무엇을 말하느냐 아브라함이 하나님을 믿으매 그것이 그에게 의로 여겨진 바 되었느니라"고 말씀하고 있습니다. 여기서 성경이란 구약성경 창세기 5장 6절의 말씀을 가리킵니다. 거기에는 "아브람이 여호와를 믿으니 여호와께서 이를 그의 의로 여기시고" 하신 말씀이 들어 있습니다. 아브라함은 하나님의 말씀을 진리로 받아들이고 하나님을 신뢰했기 때문에 하나님께 인정받게 된 것입니다. 그리고 이것이 사도바울이 강조하는 믿음이요 루터가 깨닫고 외친 믿음입니다. 기독교 신앙인들을 핍박하고 잡아다 죽이는 일에 앞장섰던 바울이 하나님 앞에서 구할 것은 이 은혜 밖에는 없었을 것입니다. 끝없이 자신 안에서 발견되는 죄악으로 인해서 심판의 공포에 사로잡혀 하루하루를 살아야했던 수도자 루터가 의지할 것은 이 은혜 밖에는 없었을 것입니다. 그리고 우리 모두가 바로 그런 사람들입니다.

둘째 사랑으로 역사하는 성숙한 믿음의 단계가 있습니다. 이 단계의 믿음은 마음이나 말에 머물지 않고 삶으로 드러나는 믿음입니다. 갈라디아서 5장 6절에는 "사랑으로 역사하는 믿음"이라는 표현이 나옵니다. 참된 믿음은 사랑의 실천으로 나타난다는 말씀입니다. 야고보서 2장 20-24절은 이 믿음을 아브라함의 예를 들어서 다음과 같이 설명하고 있습니다.

아아 허탄한 사람아 행함이 없는 믿음이 헛것인 줄을 알고자 하느냐 우리 조상 아브라함이 그 아들 이삭을 제단에 바칠 때에 행함으로 의롭다 하심을 받은 것이 아니냐 네가 보거니와 믿음이 그의 행함과 함께 일하고 행함으로 믿음이 온전하게 되었느니라 이에 성경에 이른 바 아브라함이 하나님을 믿으니 이것을 의로 여기셨다는 말씀이 이루어졌고 그는 하나님의 벗이라 칭함을 받았나니 이로 보건대 사람이 행함으로 의롭다 하심을 받고 믿음으로만은 아니니라.

이 본문이 설명하는 것은 성숙한 믿음은 삶 속에서 나타난다는 사실입니다. 다시 말해서 참된 믿음은 참된 행위를 동반한다는 사실입니다. 아브라함이 100세에 얻은 아들 이삭을 제단에 올려놓고 잡아서 제물로 바치려고 했을 때 아브라함이 하나님을 얼마만큼 신뢰하는지 확증되었다는 것입니다. 이로써 아브라함의 마음에 담긴 믿음과 아브라함의 삶이 일치되는 것이 확인되었다는 것입니다. 그토록 소망하던 자식을 100세 노년에 얻게 되었다면 대부분의 사람들은 그 아이에게 푹 빠져 모든 것을 잊어버리게 될 것입니다.

아브라함도 예외가 아니었을 것입니다. 하나님을 인생의 토대로 받아들였던 아브라함, 하나님을 따라서 갈 바를 알지 못하고 고향을 떠났던 아브라함, 하나님의 약속을 붙들고 여기까지 왔지만, 지금 아브라함의 삶의 중심에는 소중한 아들, 상속자 이삭이 자리를 잡고 있습니다. 이것은 하나님의 믿음에 대한 도전이었습니다. 그것이 아들이라고 할지라도 하나님에 대한 신뢰와 교제를 약화시키게 된다면 그것은 문제가 되는 것입니다. 하나님께서는 그에게 이삭을 제물로 바치라는 명령을 주셨습니다. 아브라함의 믿음의 진정성을 보시고자 하신 것입니다.

아브라함은 엄청난 갈등이 생겼을 것입니다. 그 가운데 그는 스스로에게 물어봤을 것입니다. "나의 삶의 진정한 의미는 무엇인가?" "나는 누구를 의지하며 살아가고 있는가?" 여기에서 아브라함은 다른 모든 아비들과 다른 결정을 내리게 됩니다. "나의 삶의 의미, 나의 삶의 주권은 하나님에게 있다!" 그리고 그는 소중한 아들 이삭을 제물로 하나님께 바치기로 결심합니다. 그리고 사흘 동안 길을 걸어 하나님이 지정하신 모리아 산으로 아들을 데리고 가 돌 제단 위에 묶은 아들을 올려놓고 칼로 그를 죽이려 했던 것입니다. 하나님께서는 이 모든 과정을 지켜보셨습니다. 그리고 아브라함의 믿음의 진정성을 확인하신 후에 이삭을 구하셨습니다.

이 본문은 성숙한 믿음이 어떤 것인가를 잘 설명해 줍니다. 참된 믿음은 그에 걸 맞는 행함과 함께 성숙해 가는 것입니다. 그래서 본문은 "믿음이 그의 행함과 함께 일하고 행함으로 믿음이 온전하게 되었느니라"고 말씀하고 있습니다. 행함은 우리의 믿음을 온전하게 만들어 줍니다. 처음 믿을 때는 하나님의 말씀을 마음으로 신뢰하는데서 그칠 수도 있습니다. 그러나 성숙한 믿음, 온전한 믿음은 그에 걸맞은 삶의 모습으로 나타나는 것입니다. 이것은 앞에서 우리가 믿음을 인격적 신뢰로 정의한 것과 일맥상통합니다. 예수님에 대한 신뢰는 마음으로부터 시작하는 것입니다. 그러나 그 신뢰는 삶에서 또한 드러나게 됩니다. 앞에서 로마서와 갈라디아서가 주목하는 믿음이 하나님의 말씀을 신뢰하는 믿음이라면, 야고보서의 이 본문이 주목하는 믿음은 그 신뢰를 바탕으로 살아가고 실천하는 믿음의 삶입니다. 아브라함의 신뢰의 믿음은 행함의 믿음으로 발전했고 온전해 졌다는 것입니다. 그 결과 하나님이 아브라함을 의롭게 여기셨다는 말씀이 이루어졌고, 아브라함은 하나님의 벗으로 칭함을 받게 된 것입니다. 그러므로 성경의 본문들이 아브라함의 믿음을 서로 다르게 이야기 하고 있다고 오해할 필요가 없습니다. 성경은 아브라함의 믿음의 다른 단계들에 관해서 가르치고 있는 것입니다.

> **Q.** 믿음이 성장하지 않으면 문제가 되나?
> **A.** 그렇습니다. 성경은 오래 믿어도 믿음이 성장하지 못하는 믿음은 부끄러운 구원을 받게 될 것이라고 경고하고 있습니다.

야고보서 2장 14-19절은 행함이 따르지 않는 믿음은 죽은 것이라고 선언합니다. 다시 말해서 성숙하지 못한 믿음은 죽은 것이라고 합니다.

내 형제들아 만일 사람이 믿음이 있노라 하고 행함이 없으면 무슨 유익이 있으리요 그 믿음이 능히 자기를 구원하겠느냐 만일 형제나 자매가 헐벗고 일용할 양식이 없는데 너희 중에 누구든지 그에게 이르되 평안히 가라, 덥게 하라, 배 부르게 하라 하며 그 몸에 쓸 것을 주지 아니하면 무슨 유익이 있으리요 이와 같이 행함이 없는 믿음은 그 자체가 죽은 것이라 어떤 사람은 말하기를 너는 믿음이 있고 나는 행함이 있으니 행함이 없는 네 믿음을 내게 보이라 나는 행함으로 내 믿음을 네게 보이리라 하리라 네가 하나님은 한 분이신 줄을 믿느냐 잘하는도다 귀신들도 믿고 떠느니라.

얼핏 보면 이 본문은 로마서와 갈라디아서가 말하는 기초적인 믿음의 차원을 거부하는 것처럼 보입니다. 야고보서의 이 본문은 행함과 실천이 없는 믿음에 대해서 왜 이렇게 강력하게 경고하고 있는 것일까요? 그것은 첫째 이 본문은 믿음을 가진 지 오래된 성도들을 대상으로 말씀하고 있기 때문입니다. 로마서와 갈라디아서가 유대 지역이 아니라 로마와 갈라디아에 있는 디아스포라 유대인과 이방인들에게 기독교의 진리를 가르치기 위해 쓰인 반면, 야고보서는 신앙생활을 오래 한 신앙인들을 대상으로 쓰인 것입니다. 오랫동안 신앙생활을 한 성도들이 성숙한 믿음으로 나아가지 못하고 삶의 실천을 따라가지 못하는 현실에 대해서 야고보서는 강하게 질책하고 있는 것입니다.

이로 인해서 교회 밖에 있는 사람들이 "너는 믿음이 있고 나는 행함이 있으니 행함이 없는 네 믿음을 내게 보이라"고 말하는 상황이 된 것입니다. 율법주의적 실천이 강한 유대 문화 속에서 살아가는 기독교 신앙인들이 사랑과 정의를 실천하지 않음으로 말미암아 오히려 사회의 손가락질을 받는 상황은 하나님의 영광을 가리는 것입니다.

오늘날 한국교회에서도 이러한 일들이 종종 생겨납니다. 한국교회의 역사가 깊어졌음에도 불구하고 연륜에 걸맞은 신앙적 실천이 나타나지 않고 세상 사람들이 짓는 죄가 신앙인들에게도 동일하게 나타나고 있습니다. 이제 야고보서의 가르침과 경고에 진지하게 귀를 기울여야 하는 시간이 된 것입니다.

둘째 본문은 믿음을 지식적인 동의로 오해하는 것에 대해서 경고하고 있습니다. 앞에서 우리는 참된 믿음이 예수님에 대한 지식적 동의를 넘어서서 인격적 신뢰 관계에 들어가는 것임을 분명히 밝혔습니다. 앞에서 존 웨슬리 목사의 설교가 명확히 지적한 것처럼, 예수님을 신뢰하는 관계로 들어가는 개인적이고 인격적 결단과 초청이 필요하다는 것입니다. 그런데 초대교회에는 예수님을 지식적으로 알고, 거기에 동의하는 것으로 충분하다고 생각하는 성도들이 있었습니다. 그래서 그들은 삶의 실천을 중요하게 생각하지 않았습니다. 성경 본문은 이러한 사람들의 믿음은 구원과 관계가 없다는 것을 지적하고 있습니다. 야고보서의 위 본문은 전혀 삶으로 표현되지도 실천되지도 않는 성도들의 믿음에 대해서 경고하고 있습니다.

"그런데 야고보서는 너무 강하게 말씀하는 것이 아닙니까? 행함이 없는 믿음은 죽은 것이라니요? 그러한 믿음이 능히 자기를 구원하겠느냐고요? 마음으로 믿고 입으로 고백하는 신앙을 지키기만 해도 영생을 얻는다고 성경은 약속하고 있지 않습니까?" 이처럼 우리는 물어 볼 수 있을 것입니다. 물론 이러한 질문은 가능합니다. 그러나 성경은 야고보의 경고가 과장이 아님을 가르쳐 주고 있습니다.

성경은 행함이 없는 믿음은 열매도 상급도 없는 부끄러운 구원으로 이어지는 사실을 가르치고 있습니다. 삶의 실천으로 이어지지 못하는 믿음, 성숙하지 못한 믿음을 가지고 살아가는 사람이 경험하게 되는 결과는 상급이 없는 부끄러운 구원입니다. 고린도전서 3장 15-19절 말씀은 이것을 설명하고 있습니다.

> 이 닦아 둔 것 외에 능히 다른 터를 닦아 둘 자가 없으니 이 터는 곧 예수 그리스도라 만일 누구든지 금이나 은이나 보석이나 나무나 풀이나 짚으로 이 터 위에 세우면 각 사람의 공적이 나타날 터인데 그 날이 공적을 밝히리니 이는 불로 나타내고 그 불이 각 사람의 공적이 어떠한 것을 시험할 것임이라 만일 누구든지 그 위에 세운 공적이 그대로 있으면 상을 받고 누구든지 그 공적이 불타면 해를 받으리니 그러나 자신은 구원을 받되 불 가운데서 받은 것 같으리라.

이 본문은 신앙인의 인생을 예수 그리스도 위에 삶을 건축하는 것으로 비유하고 있습니다. 이는 앞에서 우리가 믿음을 설명할 때 이미 이해한 바와 같습니다. 그런데 신앙인들마다 개인차가 있습니다. 어떤 신앙인은 금으로 건축을 합니다. 어떤 신앙인은 나무로 건축합니다. 또 다른 신앙인은 짚으로 건축합니다. 그런데 이들 모두는 예수님의 심판날에 검사를 받게 됩니다. 마치 새로 지은 건축물이 준공검사를 받듯이 신앙인들은 모두가 그들의 삶의 결과들, 즉 그들의 행위에 대해서 주님의 심판을 받게 됩니다. 이것을 본문은 불로 태운다고 비유합니다.

그렇습니다. 예수님 앞에서 모든 인생의 건축물에 불을 붙여 보는 것입니다. 금이나 은과 같이 타지 않는 귀금속으로 지은 건물은 불에 타지 않을 것입니다. 그러나 나무나 풀과 같은 재료로 지은 건물들은 타서 재만 남을 것입니다. 다시 말해서 성숙한 믿음으로 순종의 열매를 맺지 못한 인생들은 주님의 심판대 앞에서 아무 것도 칭찬받을 것이 없고, 상급 받을 것이 없다는 말입니다. 그래서 본문은 이 후자의 사람은 불 가운데서 구원받은 것과 같을 것이라고 말씀합니다. 화재 가운데서 아무 것도 건지지 못하고, 다른 사람들을 구조하기는커녕 자신의 목숨만 간신히 건진 사람처럼 말입니다. 이것이 성숙하지 못한 믿음, 삶에서 실천되지 못한 믿음, 마음으로만 입으로만 주님을 신뢰한 사람의 결말입니다.

이러한 신앙인의 모습을 우리는 "육에 속한 그리스도인"이라고도 부릅니다. 예수님께 자신의 마음을 드렸지만, 자신의 삶을 온전히 드리지 못한 그리스도인의 삶은 항상 방황하고 늘 분열된 모습을 갖게 됩니다. 거기에는 생명의 열매가 있을 수 없습니다. 행복이 있을 수 없습니다. 많은 갈등을 피할 수가 없습니다. 이들을 향해서 요한이서 1장 8절은 간곡히 권면합니다.

너희는 스스로 삼가 우리가 일한 것을 잃지 말고 오직 온전한 상을 받으라.

그리고 오랫동안 신앙생활을 했지만 그 믿음이 아직도 마음에 머물러 있고 삶 속에 녹아들지 못한 사람들을 향해서 히브리서 5장 12-14절은 강하게 질책합니다.

때가 오래 되었으므로 너희가 마땅히 선생이 되었을 터인데 너희가 다시 하나님의 말씀의 초보에 대하여 누구에게서 가르침을 받아야 할 처지이니 단단한 음식은 못 먹고 젖이나 먹어야 할 자가 되었도다. 이는 젖을 먹는 자마다 어린 아이니 의의 말씀을 경험하지 못한 자요 단단한 음식은 장성한 자의 것이니 그들은 지각을 사용함으로 연단을 받아 선악을 분별하는 자들이니라.

믿음을 가진 지 얼마 안 되는 사람들의 어린 믿음은 이해되고 양해될 수 있습니다. 그러나 오랫동안 신앙생활하면서도 여전히 삶의 실천을 통한 인격으로 나타내지 못하는 사람들을 이 본문은 책망하고 있는 것입니다. 지금쯤 마땅히 성경교사가 되어 다른 사람들을 가르쳐야 할 텐데 아직도 초보적인 신앙 인격과 지식을 갖고 있으니 젖 먹는 어린 아기와 같다는 것입니다. 오늘날 교회에는 이러한 영적인 젖먹이들이 많이 있지 않습니까? 이들은 부끄러운 구원밖에는 받을 수가 없는 것입니다.

Q. 부끄러운 구원이라도 받으면 되지 않나?
A. 그렇지 않습니다. 성장하지 않는 믿음은 구원을 잃어버릴 수도 있습니다.

성경은 행함이 없는 믿음, 성숙하지 못한 믿음은 결국 구원을 잃어버릴 수도 있다는 사실을 우리에게 경고하고 있습니다. 디모데전서 1장 19-20절은 그러한 사람의 이야기를 전하고 있습니다.

믿음과 착한 양심을 가지라 어떤 이들은 이 양심을 버렸고 그 믿음에 관하여는 파선하였느니라 그 가운데 후메네오와 알렉산더가 있으니.

이 안타까운 영혼인 후메네오와 알렉산더는 한때 예수 그리스도에 대한 믿음을 가졌지만 비양심적인 삶을 살았고, 결국 믿음을 잃어 버린 사람입니다.

고린도전서 9장 27절에 기록된 사도바울의 고백은 우리에게 더 큰 경각심을 줍니다.

내가 내 몸을 쳐 복종하게 함은 내가 남에게 전파한 후에 자신이 도리어 버림을 당할까 두려워함이로다.

사도바울은 다른 사람들에게 복음을 전하는 그의 사명을 감당함으로 하나님의 상급을 받기 위해서 뛰고 있으면서도 다른 사람에게 복음을 전한 뒤 자신이 혹시 버려진 사람이 되지 않기 위해서 강하게 자신을 훈련한다는 말입니다. 만일 사도바울과 같은 사람이 하나님의 상급이나 구원의 길에서 이탈할 가능성을 염두에 두고 스스로 경계하고 있다면 우리는 어떻게 해야 하겠습니까? 바울은 빌립보서 2장 12절에서 같은 말로 성도들에게 경고하고 격려하고 있습니다.

그러므로 나의 사랑하는 자들아 너희가 나 있을 때뿐 아니라 더욱 지금 나 없을 때에도 항상 복종하여 두렵고 떨림으로 너희 구원을 이루라.

베드로후서 1장 5-10절의 말씀은 성장하지 않는 믿음이 어떻게 믿음을 잃게 되는지를 설명해 줍니다. 앞에서 본 것처럼 이 본문 말씀은 믿음의 성장과정을 설명하기도 하지만, 뒷부분에서는 이러한 성장이 어떤 결과를 가져오는지, 또 이러한 성장이 없을 때 어떤 결과가 오는지를 가르쳐 줍니다.

그러므로 너희가 더욱 힘써 너희 믿음에 덕을, 덕에 지식을, 지식에 절제를, 절제에 인내를, 인내에 경건을, 경건에 형제 우애를, 형제 우애에 사랑을 더하라 이런 것이 너희에게 있어 흡족한즉 너희로 우리 주 예수 그리스도를 알기에 게으르지 않고 열매 없는 자가 되지 않게 하려니와 이런 것이 없는 자는 맹인이라 멀리 보지 못하고 그의 옛 죄가 깨끗하게 된 것을 잊었느니라 그러므로 형제들아 더욱 힘써 너희 부르심과 택하심을 굳게 하라 너희가 이것을 행한즉 언제든지 실족하지 아니하리라 이같이 하면 우리 주 곧 구주 예수 그리스도의 영원한 나라에 들어감을 넉넉히 너희에게 주시리라.

신앙인의 믿음이 성장할 때 어떤 결과가 옵니까? 믿음에 덕이 쌓이고, 지식이 쌓이고 "이런 것이 너희에게 흡족한즉" 즉, 절제와 인내와 경건과 형제 우애와 사랑이 성도의 삶에서 늘어나게 될 때, 네 가지 결과가 일어납니다. 첫째는 예수님을 깊이 알게 됩니다. 둘째는 열매 맺는 자가 됩니다. 셋째는 시험에 들어 넘어지지 않습니다. 넷째는 예수 그리스도의 영원한 나라, 즉 천국에 넉넉히 들어간다는 사실입니다. 주님과 깊이 교제하고 동역하는 신앙생활, 생활 속에서 열매들을 맺는 생활, 넘어지지 않는 강건한 신앙생활, 그리고 천국에서 상급 받는 성도가 된다는 것입니다.

반면, 이러한 믿음의 성장이 없다면 어떻게 되겠습니까? 본문은 두 가지 결과를 말씀하고 있습니다. 첫째, 눈이 멀게 됩니다. 영적으로 무지하게 된다는 말입니다. 하나님의 뜻을 알지 못하고 세상 사람들과 꼭같이 판단하고 행동합니다. 둘째로, 하나님께서 옛 죄를 사하신 것을 잊어버립니다. 이 말씀은 무서운 말씀입니다. 하나님을 믿는 믿음, 예수님이 주신 죄사함을 잊어버린다는 것은 무엇을 의미합니까? 추억의 믿음이 된다는 것입니다. 과거에는 믿었지만, 과거에는 용서받았지만 지금은 알지 못하게 되어버린 것입니다. 자기 중심의 신앙, 삶으로 스며들지 못하는 믿음은 추상화되고 관념화되어 결국 한 때의 추억이 되어버립니다. 믿음을 상실하게 되는 것입니다.

오늘날 교회에서 보게 되는 수많은 "베이비 크리스천"들은 이러한 경고의 말씀에 귀를 기울여야 하겠습니다. 그래서 예수님을 주님으로 섬기며 순종을 배우고 신앙의 성장을 위해서 최선을 다해야할 것입니다. 그렇지 않으면 죄에 빠지고 원수 마귀에게 눌려 신음하다가 결국 믿음을 포기하는 파국적인 결말을 맞게 될 수도 있을 것입니다.

Q. 믿음을 키우려면 어떻게 해야 하나?
A. 성경은 믿음의 성장을 위한 다양한 방법들을 제시하고 있습니다.

성경 전체는 우리에게 믿음을 가르치고 또 믿음의 성장을 제시하고 있습니다. 그것들을 다 요약할 수는 없으나, 몇 가지 중요한 방법을 소개해 보겠습니다.

1) 성경 말씀

가장 중요한 것은 하나님의 말씀인 성경을 가까이하는 것입니다. 디모데후서 3장 16-17절 말씀은 "모든 성경은 하나님의 감동으로 된 것으로 교훈과 책망과 바르게 함과 의로 교육하기에 유익하니 이는 하나님의 사람으로 온전하게 하며 모든 선한 일을 행할 능력을 갖추게 하려 함이라"고 기록하고 있습니다.

성경은 성령님께서 하나님의 특별한 사람들에게 영감을 주셔서 하나님과 구원의 도리에 관해서 기록해 놓은 유일한 책입니다. 예수님께서도 구약성경의 권위를 전적으로 인정하셨고, 자주 "기록된 바…" 하시며 성경을 인용하셨으며(마태복음 21:13), 광야에서 마귀의 시험을 받을 때에도 하나님의 기록된 말씀으로 그 시험을 물리치셨습니다(마태복음 4:4,7,10). 그래서 성경은 젖을 찾는 갓난아기처럼 말씀을 사모하라고 가르칩니다.

갓난아기들 같이 순전하고 신령한 젖을 사모하라 이는 그로 말미암아 너희로 구원에 이르도록 자라게 하려 함이라.

그러므로 우리는 성경을 "먹어야" 합니다. 우리가 건강을 위해서 다양한 요리로 맛있게 만든 음식을 섭취하듯 우리는 성경을 읽고, 듣고, 묵상하고, 암송하고, 공부하고, 나누고, 가르치고 실천하면서 섭취해야 합니다.

2) 예수님을 닮아감

히브리서 12장 1-2절은 믿음의 선배들의 행적을 묵상하고, 더 나아가서 예수님을 바라볼 것을 주문하고 있습니다.

이러므로 우리에게 구름 같이 둘러싼 허다한 증인들이 있으니 모든 무거운 것과 얽매이기 쉬운 죄를 벗어 버리고 인내로써 우리 앞에 당한 경주를 하며 믿음의 주요 또 온전하게 하시는 이인 예수를 바라보자 그는 그 앞에 있는 기쁨을 위하여 십자가를 참으사 부끄러움을 개의치 아니하시더니 하나님 보좌 우편에 앉으셨느니라.

히브리서 11장에 소개된 믿음의 조상들은 모두가 하나님을 믿음으로 자신의 한계를 극복하고 위대한 일들을 감당한 사람들입니다. 이들이 걸어간 길은 우리에게 믿음의 길이 어떠한 것인지를 증거해 줍니다. 이 증거를 읽고 들으면서 우리의 믿음은 성장하게 됩니다. 오늘날에도 이러한 신앙의 동료와 선배들이 있어서 우리에게 믿음의 도전을 주고 있습니다. 더 나아가 본문은 믿음의 창시자이며 믿음을 온전케 하시는 주 예수님을 바라보며 본받을 것을 제시하고 있습니다. 예수님은 하나님이시지만 우리와 같은 삶 속에서 참 인간으로 사시면서 하나님을 온전히 믿는 믿음을 보여 주셨습니다. 그 믿음은 우리에게 모범이 되는 것입니다. 따라서 우리는 예수님이 걸어가신 길을 따라가면서 예수님의 삶을 본받아 실천하는 삶을 살아가야 합니다. "예수님이라면 어떻게 할 것인가?(What would Jesus do?)"를 항상 생각하면서 살아갈 때 우리의 믿음은 부쩍 성장하게 될 것입니다.

3) 기도

성경은 또한 구체적으로 기도를 통해 강한 믿음을 가질 수 있다고 가르칩니다. 누가복음 9장 16절 이하의 말씀은 한 사내아이가 귀신들렸는데 제자들이 귀신을 쫓아내지 못한 사건을 기록하고 있습니다. 그때 예수님께서 탄식하셨습니다.

아, 믿음이 없는 세대여, 내가 언제까지 너희와 함께 있어야 하겠느냐? 내가 언제까지 너희에게 참아야 하겠느냐? 아이를 내게 데려오너라(누가복음 9:19).

이 말씀에서 우리는 제자들의 실패가 믿음의 부족함 때문인 것을 알게 됩니다. 제자들이 귀신을 쫓아내지 못하자 예수님은 그 귀신에게 명하여 나가게 하시고 아이를 구원해 주셨습니다. 나중에 제자들이 예수님을 찾아와서 자신들이 왜 실패했는지를 가르쳐 달라고 여쭤봅니다. 그때 예수님께서는 "기도 외에 다른 것으로는 이런 종류가 나갈 수 없느니라"고 말씀하셨습니다(29절). 다른 모든 것과 마찬가지로 믿음도 기도로 하나님께 공급받을 수 있습니다. 예수님께서도 체포되기 직전에 하나님께 간절히 기도하셨고, 수제자 베드로의 믿음이 떨어지지 않기를 또한 하나님께 기도하셨습니다(누가복음 22:32). 우리도 다양한 기도를 통해 강한 믿음을 가져야 합니다. 시간을 정해놓고 기도하고, 항상 기도하고, 홀로 기도하고 합심해서

기도하고 묵상으로 기도하고 통성으로 기도하면서 하나님과 기도로 대화할 때 우리의 믿음은 강력해 집니다.

4) 교회 공동체

에베소서 4장 11-13절 말씀은 믿음의 성장에 있어서 교회 공동체의 중요성을 가르쳐줍니다.

그가 어떤 사람은 사도로, 어떤 사람은 선지자로, 어떤 사람은 복음 전하는 자로, 어 떤 사람은 목사와 교사로 삼으셨으니 이는 성도를 온전하게 하여 봉사의 일을 하게 하며 그리스도의 몸을 세우려 하심이라 우리가 다 하나님의 아들을 믿는 것과 아는 일에 하나가 되어 온전한 사람을 이루어 그리스도의 장성한 분량이 충만한 데까지 이르리니.

이 말씀은 하나님이 교회에 주신 각종 직분들의 목적을 말씀하고 있습니다. 성도들은 사도와 선지자와 전도자와 목사와 교사들의 가르침을 받고 세움을 받아 온전함에 이르고 하나님의 일을 하게 되며 교회를 세워 예수님을 믿는 일과 아는 일에 하나 되는 것을 가르치게 됩니다. 이처럼 교회는 우리의 믿음 성장에 중요한 역할을 하고 있습니다. 우리는 건강한 교회에서 이러한 양육과 훈련을 받고 믿음의 성장을 누려야 할 것입니다.

5) 성령님의 인도함을 받음

성숙한 신앙의 선배들은 모두 성령님의 인도함을 받았습니다. 하나님의 말씀을 실천하고 하나님의 일을 하고자 할 때 우리는 성령님의 인도함을 받아야 합니다. 예수님은 제자들을 떠나 하나님 나라로 가시기 전에 이렇게 말씀해 주셨습니다.

그러나 내가 너희에게 실상을 말하노니 내가 떠나가는 것이 너희에게 유익이라 내가 떠나가지 아니하면 보혜사가 너희에게로 오시지 아니할 것이요 가면 내가 그를 너희에게로 보내리니 그가 와서 죄에 대하여, 의에 대하여, 심판에 대하여 세상을 책망하시리라 … 진리의 성령이 오시면 그가 너희를 모든 진리 가운데로 인도하시리니 그가 스스로 말하지 않고 오직 들은 것을 말하며 장래 일을 너희에게 알리시리라.

만일 예수님이 우리 곁에 계신다면 우리는 모든 것을 예수님께 말씀드리고 인도함을 받을 것입니다. 그런데 성령님께서 예수님과 같은 보혜사로서 우리 곁에 오신 것입니다. 그러므로 성령님의 인도하심을 받는 것은 가능하고 또 중요합니다. 우리는 일마다, 결정을 내릴 때마다 성령님의 인도하심을 구해야 하겠습니다. 그렇게 할 때 하나님과의 동행이 이루어지고, 하나님의 뜻을 이룰 수 있습니다. 성령님의 인도하심을 받을 때 우리는 육체의 욕심을 넘어설 수 있고(갈라디아서 5:16), 또 하나님의 법을 만족시킬 수가 있습니다(로마서 8:4).

기독교의 역사를 보면 믿음과 율법의 관계에 대해 서로 다른 많은 의견이 있어 왔습니다. 그 근본적인 원인은 믿음으로 구원을 받는 새로운 구원관에 있었습니다. 구약종교인 유대교에서는 철저한 율법 준수를 통해 하나님의 구원과 축복을 받는다고 가르쳐 왔지만, 이제 기독교에서는 예수님을 통해서 은혜로 구원받는 길이 열리게 된 것입니다. 믿음은 율법을 거부하는 것입니까? 우리는 믿음의 관점에서 율법과 도덕을 어떻게 이해해야 합니까? 우리는 이를 다음 네 가지로 이해할 수 있습니다.

1) 믿음은 율법주의를 폐기합니다

기독교에서 말하는 율법주의란 율법을 지킴으로 구원을 받을 수 있다는 관점을 의미합니다. 그러나 예수님을 믿음으로 구원받는 도리는 이러한 율법주의를 거절합니다. 성경에는 유대교의 율법주의에 대한 강한 비판이 기록되어 있습니다. 예를 들면 갈라디아서 2장 16절은 "사람이 의롭게 되는 것은 율법의 행위로 말미암음이 아니요 오직 예수 그리스도를 믿음으로 말미암는 줄 알므로 우리도 그리스도 예수를 믿나니 이는 우리가 율법의 행위로써가 아니고 그리스도를 믿음으로써 의롭다 함을 얻으려 함이라 율법의 행위로써는 의롭다 함을 얻을 육체가 없느니라"며 율법적인 행위가 구원에 이르지 못한다는 사실을 분명히 가르치고 있습니다. 심지어 갈라디아서 2장 19절은 "내가 율법으로 말미암아 율법에 대하여 죽었나니 이는 하나님에 대하여 살려 함이라"고 기록하고 있습니다. 율법에 대해서 죽음으로써 하나님에 대해서 살 수 있다는 것입니다.

예수님께서도 율법주의에 대해서 분명한 선을 그으셨습니다. 예수님은 율법주의자들을 일관되게 비판하고 저주하시기까지 하셨습니다. 율법주의자들에 대한 예수님의 비판은 그들 개인에 대한 비판이기도 했지만 당시의 율법주의의 문제점들에 대한 비판이기도 했습니다.

마태복음 23장은 이러한 비판들을 가득 담고 있습니다. 먼저 2절에서 "서기관들과 바리새인들이 모세의 자리에 앉았으니"하시며 말씀을 시작하십니다. 모세는 하나님과 소통하던 영적인 사람이었습니다. 그러나 서기관들과 바리새인들은 주어진 하나님의 말씀을 기록하고 또 그에 맞추어 율법을 만들어내는 사람들이었습니다. 율법주의는 하나님의 개입을 불가능하게 합니다.

3-4절에서 예수님은 "그러므로 무엇이든지 그들이 말하는 바는 행하고 지키되 그들이 하는 행위는 본받지 말라 그들은 말만 하고 행하지 아니하며 또 무거운 짐을 묶어 사람의 어깨에 지우되 자기는 이것을 한 손가락으로도 움직이려 하지 아니하며"하고 율법주

의자들의 위선을 지적합니다. 율법주의는 늘 해야 할 일들을 가르 칩니다. 그러나 이러한 율법적인 지식들은 삶의 실천으로 바로 이 어질 수 없기 때문에 위선자들을 만들어내게 됩니다. 서기관들과 바리새인들은 이러한 위선자들이었던 것입니다. 그런데 이들은 인 간의 연약함으로 인해서 때로 실수하는 것이 아니라 죄악을 서슴 지 않고 범하는 자들이었기 때문에 이들의 위선은 가증스런 것이었 습니다. 성경은 이들 바리새인들이 돈을 좋아하는 자들이며(누가복음 16:14), 과부의 재산을 삼키는 자들(누가복음 20:47)이라고 기록하고 있습 니다. 그래서 예수님은 23장 전체에서 이들을 여섯 번이나 위선자 라 부르셨던 것입니다. 또한 세례요한은 이들을 보고 "독사의 자식 들"(마태복음 3:7) 이라고 불렀던 것입니다.

예수님은 마태복음 23장 5-7절에서 율법주의자들의 교만을 지적 하십니다.

그들의 모든 행위를 사람에게 보이고자 하나니 곧 그 경문 띠를 넓게 하 며 옷술을 길게 하고 잔치의 윗자리와 회당의 높은 자리와 시장에서 문 안 받는 것과 사람에게 랍비라 칭함을 받는 것을 좋아하느니라.

율법을 구원의 조건으로 가르치고 지키는 일에 헌신하는 사람들 은 필연적으로 교만할 수밖에 없습니다. 노력에 의해 구원의 자격 을 얻고자 하는 행위구원의 교리는 필연적으로 그것을 성취한 사람 들에게 자랑과 교만을 가져다주기 때문입니다. 그러나 하나님의 완전하신 표준에 대어 보면 그것은 오십 보 백보의 가당찮은 교만에 지나지 않습니다.

13-15절의 말씀에서 예수님은 율법주의자들을 저주하고 계십니다. 이것은 23장 전체에서 일곱 번이나 이어지는 저주의 시작에 지나지 않습니다. 그만큼 예수님은 율법주의자들의 오류를 심각하게 보셨던 것입니다.

> 화 있을진저 외식하는 서기관들과 바리새인들이여 너희는 천국 문을 사람들 앞에서 닫고 너희도 들어가지 않고 들어가려 하는 자도 들어가지 못하게 하는도다 화 있을진저 외식하는 서기관들과 바리새인들이여 너희는 교인 한 사람을 얻기 위하여 바다와 육지를 두루 다니다가 생기면 너희보다 배나 더 지옥 자식이 되게 하는도다.

여기에서 예수님께서 지적하시는 것은 그들 율법주의자들이 가르치는 것들이 원리적으로 잘못되었다는 것입니다. 예수님은 그들이 인격적으로 결함이 있을 뿐 아니라 그들이 가르치는 교훈 자체가 천국이나 구원과 동떨어진 것이라는 사실을 말씀하십니다. 그래서 그들은 자신들 뿐만 아니라 다른 사람들도 지옥으로 인도하고 있다고 하십니다. 그들의 율법주의 때문에 말입니다. 예수님은 23절에서 "화 있을진저 외식하는 서기관들과 바리새인들이여 너희가 박하와 회향과 근채의 십일조는 드리되 율법의 더 중한 바 정의와 긍휼과 믿음은 버렸도다"고 비판하고 계십니다. 여기에서 예수님이 비판하신 것은 이들 율법주의자들이 율법의 잣구보다 더 중요한 율법의 정신을 버린 것입니다. 그들은 율법이 지향하는 정의, 긍휼 그리고 믿음과는 상관없이 율법들을 만들고 또 그것을 강제하고 있었던 것입니다.

29-30, 33-34절에서 예수님은 율법이 우상화되는 경향을 비판하십니다.

화 있을진저 외식하는 서기관들과 바리새인들이여 너희는 선지자들의 무덤을 만들고 의인들의 비석을 꾸미며 이르되 만일 우리가 조상 때에 있었더라면 우리는 그들이 선지자의 피를 흘리는 데 참여하지 아니하였으리라 하니… 뱀들아 독사의 새끼들아 너희가 어떻게 지옥의 판결을 피하겠느냐 그러므로 내가 너희에게 선지자들과 지혜 있는 자들과 서기관들을 보내매 너희가 그 중에서 더러는 죽이거나 십자가에 못 박고 그 중에서 더러는 너희 회당에서 채찍질하고 이 동네에서 저 동네로 따라다니며 박해하리라.

율법주의는 그 자체로 완결적인 체계를 구성하게 되고 그 자체가 목적이 되기 때문에 다른 의견을 용납하지 않습니다. 심지어 율법을 주신 하나님조차도 개입하실 여지가 없습니다. 그래서 하나님이 보내신 선지자들과 의인들은 율법주의자들의 손에 죽음을 당했던 것입니다. 예수님은 이 사실을 더없이 강한 어조로 비판하고 계십니다. 그리고 당신 자신도 이들의 손에 의해서 죽음을 당하실 것을 알고 계셨습니다.

이처럼 문제 많은 율법주의에 대한 대안으로 예수님은 새로운 시대, 새로운 구원의 길을 선포하십니다. 누가복음 16장 16절을 보면, "율법과 선지자는 요한의 때까지요 그 후부터는 하나님 나라의 복음이 전파되어 사람마다 그리로 침입하느니라" 하시면서 예수님께서는 율법의 시대와 은혜의 시대를 분명히 구별하셨습니다. 율법을 지킴으로 구원받는 시대는 끝나고, 이제 하나님 나라의 복음이 전파되어 사람들이 천국에 들어가는 시대가 된 것입니다.

2) 믿음은 율법을 폐기하는 것이 아니라 완성합니다

믿음을 강조하는 신약성경은 율법주의를 거부하지만 율법의 가치를 인정하고 있습니다. 로마서 7장 12절은 "율법은 거룩하고 계명도 거룩하고 의로우며 선하도다"라고 가르칩니다. 14절의 말씀은 "율법은 신령한 줄 알거니와"하고 명시하고 있습니다. 율법은 영적이라는 것입니다. 16절의 말씀은 율법이 선한 것임을 인정하고 있습니다. 22절은 율법을 하나님의 법으로 부르고 있습니다. 갈라디아서 3장에 보면 구약의 율법이 결코 하나님의 약속과 반대되는 것이 아니며(21절), 율법은 초등교사와 같이 우리를 그리스도에게로 인도한다고 증거합니다(24절).

예수님께서는 끊임없이 유대교 율법사들과 충돌하셨고 그들의 율법주의를 강하게 비판하셨지만, 율법 자체를 거부하지는 않으셨습니다. 예수님이 비판하신 것은 율법사들의 위선과 숨은 탐욕이었습니다. 예수님은 반복적으로 율법을 옹호하는 말씀을 하셨습니다. 예수님은 율법을 인용하여 가르치기도 하셨고 율법을 두둔하는 발언도 많이 하셨습니다. 예를 들어 마태복음 12장 5절에 보면 "또 안식일에 제사장들이 성전 안에서 안식을 범하여도 죄가 없음을 너희가 율법에서 읽지 못하였느냐"며 율법을 인용하여 가르치셨던 것입니다.

또 마태복음 5장 17-18절에서 예수님은 "내가 율법이나 선지자를 폐하러 온 줄로 생각하지 말라 폐하러 온 것이 아니요 완전하게 하려 함이라 진실로 너희에게 이르노니 천지가 없어지기 전에는 율법의 일점일획도 결코 없어지지 아니하고 다 이루리라" 말씀하시면서 율법을 옹호하셨습니다. 예수님께서 율법을 옹호하신 것은 어떤 의도에서 그렇게 하셨을까요? 예수님이 의도하신 것은 율법의 완성이었습니다.

첫째 예수님은 율법의 참된 정신을 밝히셨습니다. 율법의 정신은 앞에서 인용한 마태복음 23장 23절에 기록된 것처럼 정의와 긍휼과 믿음입니다. 그러나 예수님께서 모든 율법 가운데 가장 중요한 율법 두 가지를 요약하여 가르치실 때 율법의 근본정신이 잘 드러났습니다. 마태복음 22장 35-40절의 대화는 이것을 잘 보여줍니다.

그 중의 한 율법사가 예수를 시험하여 묻되 선생님 율법 중에서 어느 계명이 크니이까 예수께서 이르시되 네 마음을 다하고 목숨을 다하고 뜻을 다하여 주 너의 하나님을 사랑하라 하셨으니 이것이 크고 첫째 되는 계명이요 둘째도 그와 같으니 네 이웃을 네 자신 같이 사랑하라 하셨으니 이 두 계명이 온 율법과 선지자의 강령이니라.

이 말씀에서 예수님은 율법 가운데 가장 큰 계명은 하나님을 사랑하는 것이며 두 번째는 이웃을 사랑하는 것이라고 말씀하셨습니다. 그리고 이 두 계명이 모든 율법의 근본이 된다고 말씀하셨습니다. 율법은 사랑을 실천하는 방법으로 이해해야 한다는 것입니다. 이러한 율법의 정신을 중시할 때 율법의 해석과 적용은 달라질 수밖에 없습니다. 마태복음 12장에서 예수님은 안식일에는 일을 해서는 안 되기 때문에 병자를 고쳐서는 안 된다는 바리새인들을 비판하시고, 마가복음 2장에서 죄인 및 세리들과 예수님이 식사하시는 것을 비판한 서기관들을 꾸짖으셨습니다. 마태복음 8장에서 구약의 정결법을 정면으로 어기고 나환자들을 손으로 만지시며 치유하신 것은 율법의 근본정신인 사랑의 실천을 강조하신 것입니다.

예수님이 밝혀주신 율법의 참 정신은 결과보다 마음의 동기와 과정을 중요하게 보신 것입니다. 율법사들은 율법적 행위와 결과에만 집중하였습니다. 그들에게는 이유야 어떻든 안식일에 일을 했다면 그것은 위법이며 유죄였습니다. 그러나 예수님은 사람들의 마음에 있는 중심을 보셨습니다. 마음의 중심에서 자신의 부정함과 죄악을 아파하는 사람들을 예수님은 귀히 여기셨습니다. 반대로 겉으로 드러나는 행위만을 훈련하면서 드러내기를 좋아하는 율법사들의 교만하고 위선적인 마음을 폭로하고 비판하셨습니다.

새로운 율법의 또 하나의 중요한 정신은 자발성입니다. 예수님 이전의 율법은 하나님의 구원과 인정하심을 받기 위해서 하지 않으면 안 되는 의무였습니다. 그 율법을 지키면 살고 축복받으나 지키지 않으면 벌을 받고 멸망하는 것입니다. 그러나 예수님이 가져다주신 율법은 하나님의 자녀된 사람들이 아버지 하나님의 뜻을 실천하는 것입니다. 하나님과의 가족관계 속에서 가족의 일을 돌보는 것입니다. 다시 말해서 구약의 율법이 종의 태도를 전제한다면, 신약의 율법은 자녀의 태도를 전제하는 것입니다. 따라서 새로운 율법, 사랑의 율법의 가장 큰 특징은 인격적이고 자발적인 태도입니다. 물론 신약성경에도 제자훈련의 개념이 있고, 자신을 쳐서 복종시키는 노력이 강조되고 있습니다. 그러나 그 경우에도 인격성과 자발성의 특징은 유지됩니다. 제자들은 주님의 부름에 자발적으로 응했고, 본인들이 좋아서 예수님을 따라 다녔습니다. 따라서 믿음의 공동체에서 사역은 인격성과 자발성의 원리를 따라 행해야 할 것입니다.

둘째 예수님은 율법의 범위를 확대하셨습니다. 예수님이 가르치신 사랑의 법은 율법을 희석하거나 무력화시키는 것이 아닙니다. 오히려 예수님의 법은 기존 율법보다 더욱 엄격합니다. 사람이 품은 마음의 동기에서부터 적용되는 것이기 때문입니다. 마태복음 5장 20-28절 말씀은 이것을 보여줍니다.

내가 너희에게 이르노니 너희 의가 서기관과 바리새인보다 더 낫지 못하면 결코 천국에 들어가지 못하리라 옛 사람에게 말한 바 살인하지 말라 누구든지 살인하면 심판을 받게 되리라 하였다는 것을 너희가 들었으나 나는 너희에게 이르노니 형제에게 노하는 자마다 심판을 받게 되고 형제를 대하여 라가라 하는 자는 공회에 잡혀가게 되고 미련한 놈이라 하는 자는 지옥 불에 들어가게 되리라 그러므로 예물을 제단에 드리려다가 거기서 네 형제에게 원망들을 만한 일이 있는 것이 생각나거든 예물을 제단 앞에 두고 먼저 가서 형제와 화목하고 그 후에 와서 예물을 드리라 너를 고발하는 자와 함께 길에 있을 때에 급히 사화하라 그 고발하는 자가 너를 재판관에게 내어 주고 재판관이 옥리에게 내어 주어 옥에 가둘까 염려하라 진실로 네게 이르노니 네가 한 푼이라도 남김이 없이 다 갚기 전에는 결코 거기서 나오지 못하리라 또 간음하지 말라 하였다는 것을 너희가 들었으나 나는 너희에게 이르노니 음욕을 품고 여자를 보는 자마다 마음에 이미 간음하였느니라.

구약의 율법이나 오늘날의 법에 의하면 형제에게 상해를 입히거나 이성과 간음한 경우는 유죄이며 처벌을 받게 됩니다. 그러나 예수님이 요구하시는 것은 행위의 차원을 넘어서는 마음의 차원에서의 온전함입니다. 그래서 형제를 미워하기만 해도 살인죄에 해당되며, 이성을 볼 때 음욕을 품는 것도 이미 간음의 죄에 해당된다는 것입니다. 이처럼 예수님의 법은 사회의 율법이나 구약의 율법을 넘어서는 철저한 것입니다. 그래서 예수님은 제자들의 의가 율법주의자들의 의보다 뛰어나야 한다고 요구하시는 것입니다. 참으로 예수님은 율법을 완성하러 오셨습니다. 그러므로 사랑의 율법은 여전히 우리에게 중요한 것이며, 이 새로운 율법은 구약 율법의 참된 정신을 계승하고 또 확대한 것으로 우리에게 주어졌습니다.

일부 신앙인들은 율법이나 도덕을 지키지 않아도 구원을 받을 수 있다고 주장하는 경우가 있는데 이는 성경의 내용을 부분적으로만 보고 오해하는 것입니다. 신학에서는 이러한 입장을 도덕무용론 혹은 도덕률폐기론(Antinomianism)이라고 부릅니다. 지금까지 설명한 것처럼 이는 잘못된 것입니다. 안타까운 것은 복음이 전파되는 국가에서 도덕적 해이가 심해지고 도덕적인 부패지수가 올라가는 사례들이 있다는 것입니다. 이것은 예수님과 신약성경의 가르침을 완전히 오해하는 것입니다. 우리는 율법주의로부터는 해방되었지만 사랑의 법에 매인 사람들입니다.

3) 믿음은 율법을 지킬 수 있는 능력을 제공합니다

그런데 아무리 율법이 완전하여도 그것을 지키지 못한다면 아무런 소용이 없을 것입니다. 구약 율법의 문제는 그것을 지킬 수가 없다는 사실입니다. 아무리 율법적 지식을 습득하고 훈련을 받았다고 할지라도 그것을 지킬 수 없는 것은 인간의 연약함이라는 사실입니다. 사도바울은 누구보다 율법을 지키는 일에 열심을 가졌던 바리새인이었습니다. 그러나 그는 로마서 7장 21-24절에서 율법을 지킬 수 없는 죄악된 인간의 본성을 고백합니다.

그러므로 내가 한 법을 깨달았노니 곧 선을 행하기 원하는 나에게 악이 함께 있는 것이로다 내 속사람으로는 하나님의 법을 즐거워하되 내 지체 속에서 한 다른 법이 내 마음의 법과 싸워 내 지체 속에 있는 죄의 법으로 나를 사로잡는 것을 보는도다 오호라 나는 곤고한 사람이로다 이 사망의 몸에서 누가 나를 건져내랴.

바울은 죄에 사로잡힌 인간의 본성을 고백하고 있습니다. 율법의 근본문제는 인간에게 그 율법을 지킬 수 있는 능력이 없다는 사실입니다. 그래서 사도바울은 예수님 안에 있는 은혜와 용서에 주목하게 된 것입니다.

그런데 예수님은 믿는 자들에게 용서뿐만 아니라 율법을 온전히 지킬 수 있는 능력도 주셨습니다. 이것이 성령님의 능력입니다. 로마서 8장 1-6절은 행위의 문제를 거론합니다.

그러므로 이제 그리스도 예수 안에 있는 자에게는 결코 정죄함이 없나니 이는 그리스도 예수 안에 있는 생명의 성령의 법이 죄와 사망의 법에서 너를 해방하였음이라 율법이 육신으로 말미암아 연약하여 할 수 없는 그것을 하나님은 하시나니 곧 죄로 말미암아 자기 아들을 죄 있는 육신의 모양으로 보내어 육신에 죄를 정하사 육신을 따르지 않고 그 영을 따라 행하는 우리에게 율법의 요구가 이루어지게 하려 하심이니라 육신을 따르는 자는 육신의 일을, 영을 따르는 자는 영의 일을 생각하나니 육신의 생각은 사망이요 영의 생각은 생명과 평안이니라.

이 본문의 바로 앞에 로마서 7장을 통한 사도바울의 고백이 나옵니다. 바울은 자신은 하나님의 법을 기뻐하며 또 따르고자 하지만 자기 속에 있는 죄의 법이 자신을 사로잡아 악을 행하게 한다는 사실을 고백합니다. 그런데 8장의 이 본문에서는 예수님이 주신 생명의 법이 이러한 죄의 법에서 우리를 해방하셨다고 선포합니다. 단지 우리를 용서하신 것이 아니라, 우리 안에 있는 죄의 법을 이길 수 있는 생명의 법을 주셨다는 것입니다. 그리고 이 법의 이름은 성령의 법입니다. 다시 말해서 성령님의 능력입니다. 예수님이 우리와 함께 계시고 나를 개인적으로 가르치고 인도하신다면 우리는 죄를 이길 수 있을 것입니다.

이것이 성령님께서 하시는 일입니다. 율법은 우리의 연약함으로 말미암아 지킬 수 없지만, 생명의 성령의 법은 하나님이 하신다는 것입니다. 어떻게 하셨다는 것입니까? 외아들 예수님을 보내셔서 속죄의 제사를 통해 우리에게 용서를 주셨으며, 동시에 우리 안에 있는 죄의 능력을 정죄하고 저주하셨다는 것입니다. 즉, 성령님께서 우리 안에 들어오심으로서 우리 안에 있는 모든 죄의 사슬들이 끊어져 버렸다는 것입니다. 모든 중독, 모든 연약함, 모든 습관의 굴레가 깨져 버렸다는 것입니다. 그래서 이제 우리는 하나님의 법을 선택할 수 있게 되었으며, 우리가 성령님을 따라 살게 되면 율법의 요구가 이뤄진다고 결론 맺고 있습니다.

이는 참으로 놀라운 일이 아닐 수 없습니다. 예수님은 율법의 정신을 회복시키시고, 더 나아가 마음과 동기의 율법으로 율법을 내면화시켜 주셨습니다. 이로써 우리는 더욱 무거운 율법을 짊어지게 되었다고 할 수 있습니다. 구약의 율법에 따르면 십일조를 잘 드리면 좋은 신앙인이 될 수 있지만, 이제는 사랑의 법을 따라서 십의일조와 관계없이 굶주리는 이웃을 돌아보아야 하는 책임을 지게 되는 것입니다. 실상 예수님은 우리에게 더 큰 것을 요구하신다는 사실을 알 수가 있습니다. 그런데 예수님은 우리에게 그것을 수행하고 지킬 수 있는 능력도 함께 주셨습니다. 우리에게 용서를 허락하시고, 더 나아가서 성령님을 주심으로 우리 안에 있는 죄의 능력을 깨뜨려 버리셨습니다. 우리 안에 예수님의 영이 계셔서 그 능력으로 우리를 감동하시고 인도하실 때 사랑의 율법을 이루게 된 것입니다. 참으로 놀라운 일이 아닐 수 없습니다.

갈라디아서 5장 16-18절은 이 놀라운 사실을 다음과 같이 말씀하고 있습니다.

내가 이르노니 너희는 성령을 따라 행하라 그리하면 육체의 욕심을 이루지 아니하리라 육체의 소욕은 성령을 거스르고 성령은 육체를 거스르나니 이 둘이 서로 대적함으로 너희가 원하는 것을 하지 못하게 하려 함이니라 너희가 만일 성령의 인도하시는 바가 되면 율법 아래에 있지 아니하리라.

여기서의 "나"는 갈라디아서를 쓴 사도바울입니다. 앞의 로마서 7장의 말씀처럼 이 본문에서 바울은 우리들의 마음속에서 일어나는 영적 투쟁에 대해 언급하고 있습니다. 여기서 육체의 소욕이라고 표현한 것은 우리 안에 있는 죄악된 성향을 말합니다. 우리 안에서 죄악된 성향은 성령님을 반대합니다. 그러나 앞에서 말한 것처럼 성령님은 이 죄악된 성향의 법을 깨뜨려 우리를 자유하게 하셨습니다. 이제 우리는 자유인으로서 다시 죄악된 성향을 따를 수도 있고 성령님의 인도하심을 따를 수도 있습니다. 만일 우리가 전자를 따른다면 우리는 19-21절에 기록된 온갖 추악한 일들에 말려들게 될 것입니다. 그러나 만일 우리가 성령님을 따르기로 결심하고 성령님의 인도하심을 구한다면 율법 아래 있지 않을 것입니다. 다시 말해 율법을 어기고 그로 인해서 고통 받지 않으리라는 것입니다.

22-23절은 우리가 성령님을 따를 때 맺게 될 놀라운 열매들을 기록하고 있습니다. 성령의 아홉 가지 열매 말입니다.

오직 성령의 열매는 사랑과 희락과 화평과 오래 참음과 자비와 양선과 충성과 온유와 절제니 이 같은 것을 금지할 법이 없느니라.

죄악을 이기고 열매 맺는 삶이 가능하다는 것입니다. 따라서 우리는 사랑할 수 없을 때 성령님께 부르짖어 사랑할 수 있게 되고,

용서할 수 없을 때 성령님의 감동으로 용서할 수 있게 되고, 일을 이룰 수 없을 때 성령님의 인도하심으로 일을 이룰 수 있게 되고, 죄를 이길 수 없을 때 성령님의 깨우치심으로 돌이킬 수 있게 되는 것입니다.

4) 믿음은 일부 율법들을 개정합니다

신약성경을 살펴보면 구약시대에 이스라엘 백성들이 하나님께 받아 지켜온 법들 가운데 여러 가지 조항이 폐지되거나 개정된 것을 볼 수 있습니다. 다시 말해서 예수님이 가르쳐 주신 하나님 나라의 법은 율법의 본질을 드러낸 것으로서 상위법에 해당합니다. 따라서 상위법에 어긋나는 하위의 법들이 폐지되거나 개정된 것입니다. 그 내용을 보면 주로 제사와 예배 그리고 문화적 생활방식에 관한 것들입니다. 이는 예수님이 오심으로 필요없게 된 것들, 그리고 문화와 생활방식이 다양화되면서 거기에 따라 변화되는 것들입니다. 히브리서 9장 10절의 말씀은 이러한 율법의 개정을 예고하고 있습니다.

성령이 이로써 보이신 것은 첫 장막이 서 있을 동안에는 성소에 들어가는 길이 아직 나타나지 아니한 것이라 이 장막은 현재까지의 비유니 이에 따라 드리는 예물과 제사는 섬기는 자를 그 양심상 온전하게 할 수 없나니 이런 것은 먹고 마시는 것과 여러 가지 씻는 것과 함께 육체의 예법일 뿐이며 개혁할 때까지 맡겨 둔 것이니라.

이 말씀은 깊은 내용을 담고 있지만, 요약하여 설명하자면 구약의 제사법과 먹고 마시는 법과 정결에 관한 법들은 예수님이 오신후에는 개정되어야 한다는 말입니다. 그러면 구체적으로 어떤 율법들이 개정되거나 폐기되었습니까?

그 첫째가 할례입니다. 신약의 은혜의 법에 의해서 구약법이 개정되는 이러한 과정을 대표적으로 잘 나타내고 있는 것이 사도행전 15장에 나오는 예루살렘 회의입니다. 열두 사도들을 포함한 초기 기독교인들은 대부분 유대인들이었기 때문에 여전히 유대인들의 율법을 준수하면서 신앙생활을 하고 있었습니다. 그들은 여전히 유대회당에서 모였고 유대 절기들을 지켰습니다. 그런데 이방인들, 즉 로마인과 그리스인과 다른 문화권의 사람이 각 처에서 예수님을 믿으며 교회에 들어오면서 율법 적용에 문제가 생기기 시작했습니다. 유대인 기독교인들은 이미 어려서 유대 율법에 따라 할례를 받았던 사람들이지만, 이방인 성도들은 당연히 할례를 받지 않은 사람들인데 이들이 교회의 일원이 되려면 할례를 받아야 되느냐 하는 것이었습니다. 그래서 1절은 이렇게 기록하고 있습니다.

어떤 사람들이 유대로부터 내려와서 형제들을 가르치되 너희가 모세의 법대로 할례를 받지 아니하면 능히 구원을 받지 못하리라 하니.

이 문제를 심각하게 받아들인 유대인들이 지역의 교회를 방문하여 구약율법을 지켜야 할 것을 주장하게 되었습니다. 이 일로 인해서 이방인의 사도로 부름 받은 바울과 바나바와 같은 선교사들의 논쟁이 벌어졌고, 급기야 지역의 교회들이 바울을 포함하여 대표단을 구성하여 모교회라고 할 수 있는 예루살렘 교회로 파송하여 회합을 갖게 된 것입니다. 이때 많은 이야기가 오고 갔다고 성경은 기록하고 있습니다. 작은 문제가 아니었던 것입니다. 그 결과는 어떠했습니까? 바울과 바나바의 이방인 전도보고와 간증에 이어서 지도자인 베드로 사도가 7절에서 입을 열었습니다. 그는 이방인들이 예수님을 믿고 구원받는 것이 하나님의 뜻임을 확인하고, 율법이 아니라 은혜의 중요성을 강조하였습니다. 그러고 나서 최종적으로 예루살렘 교회의 지도자인 야고보가 19절에서 다음과 같은 제안을 내놓았습니다.

그러므로 내 의견에는 이방인 중에서 하나님께로 돌아오는 자들을 괴롭게 하지 말고 다만 우상의 더러운 것과 음행과 목매어 죽인 것과 피를 멀리하라고 편지하는 것이 옳으니.

이것이 예루살렘 회의의 결정이었습니다. 이로써 할례의 법이 교회에서 폐지되고 교회가 지켜야 할 율법에 대한 개정작업이 시작되었습니다. 그 결과는 기독교회에 이어져서 오늘날 우리가 할례를 받지 않고도 세례를 받고 신앙생활을 하고 있는 것입니다.

오늘날 우리에게 또 다른 중요한 개정사항들은 어떤 것이 있습니까? 첫째 교회는 피의 제사를 드리지 않게 되었습니다. 히브리서 10장 11-14절은 이것을 잘 설명하고 있습니다.

제사장마다 매일 서서 섬기며 자주 같은 제사를 드리되 이 제사는 언제나 죄를 없게 하지 못하거니와 오직 그리스도는 죄를 위하여 한 영원한 제사를 드리시고 하나님 우편에 앉으사 그 후에 자기 원수들을 자기 발등상이 되게 하실 때까지 기다리시나니 그가 거룩하게 된 자들을 한 번의 제사로 영원히 온전하게 하셨느니라.

예수님께서 자신을 제물로 삼아서 한 번, 그리고 영원한 피의 제사를 드렸기 때문에 과거에 날마다 짐승을 잡아 제사를 드린 피의 제사가 더 이상 필요하지 않다는 말씀입니다. 그래서 18절 말씀은 "이것들을 사하셨은즉 다시 죄를 위하여 제사 드릴 것이 없느니라"고 말씀합니다. 그래서 교회는 더 이상 죄사함을 위해서 짐승을 잡아 피를 흘려 제사를 드리지 않게 된 것입니다.

둘째 교회는 더 이상 구약성경에서 언급된 장소나 규정된 양식으로 지은 성전에 가서 예배를 드리지 않게 되었습니다. 기독교의 주일예배는 대부분 성전에서 드리지만, 필요하면 야외예배도 드리고 가정예배도 드리고 직장 사무실에서도 예배를 드립니다. 이것은 예수님께서 예배에 관해 사마리아 여인을 가르치실 때 명확하게 표현하신 바가 있습니다.

여자가 이르되 주여 내가 보니 선지자로소이다 우리 조상들은 이 산에서 예배하였는데 당신들의 말은 예배할 곳이 예루살렘에 있다 하더이다 예수께서 이르시되 여자여 내 말을 믿으라 이 산에서도 말고 예루살렘에서도 말고 너희가 아버지께 예배할 때가 이르리라 너희는 알지 못하는 것을 예배하고 우리는 아는 것을 예배하노니 이는 구원이 유대인에게서 남이라 아버지께 참되게 예배하는 자들은 영과 진리로 예배할 때가 오나니 곧 이 때라 아버지께서는 자기에게 이렇게 예배하는 자들을 찾으시느니라 하나님은 영이시니 예배하는 자가 영과 진리로 예배할지니라(요한복음 4:19-24).

예수님은 전도를 위해 당시의 관습을 깨뜨리고 사마리아 여인에게 말을 거셨습니다. 그리고 놀랍게도 대화의 과정에서 여인이 가지고 있던 영적이고 종교적인 질문이 나왔습니다. 그것은 예배 장소에 관한 물음이었습니다. 사마리아에서는 그리심 산에서 예배를 드리고 있는데, 유대인들은 진정한 예배장소는 예루살렘이라고 가르쳐 왔던 것입니다. 다시 말해 이 여인은 하나님께 예배드리고 싶은 마음이 있지만 풀지 못한 신앙적인 의문이 있었던 것입니다.

이 질문을 들으시고 예수님은 우리에게도 중요한 가르침을 주셨습니다. 그것은 장소가 문제되지 않는다는 것입니다. 이 여인과 당시의 종교지도자들은 장소를 문제 삼았지만 예수님은 하나님께서 보시는 것은 장소나 건물과 같은 외적인 것이 아니라 예배자의 마음이라는 것을 분명히 하셨습니다. 하나님은 영과 진리로 예배드리는 예배자들을 찾고 계신다고 말씀하셨던 것입니다. 예수님의 이 가르침으로 인해서 성지(聖地)에 대한 관념이 깨어졌습니다. 예루살렘에서 혹은 벧엘에서 예배를 드린다고 하나님이 특별히 받으시지는 않습니다. 그러니 특정한 성전 건물에 대한 의무감도 필요 없게 된 것입니다. 그래서 초대교회 성도들은 회당을 떠나서 집에서 모이게 되었고 그것이 교회의 시작이었습니다. 교회는 장소나 건물이 아니며 예수님을 믿는 사람들의 예배하는 모임이라는 것이 분명해진 것입니다.

셋째 구약의 정결법에 기초한 부정한 음식들이 더 이상 문제되지 않습니다. 구약의 레위기는 수많은 부정한 것들을 열거하고 있습니다. 레위기 11장은 먹지 말아야 할 부정한 음식들을 열거하고 있습니다. 굽이 갈라지지 않은 발을 가진 토끼나 돼지 같은 짐승의 고기를 먹지 못하고, 물에 사는 동물 가운데 지느러미나 비늘이 없는 문어나 해삼 같은 생물은 먹지 못합니다. 곤충 가운데서 땅에서 뛰지 못하고 기어 다니는 것들은 먹지 못합니다. 그런데 신약의 마가복음 7장 18-19절에서 예수님은 다음과 같이 말씀하십니다.

예수께서 이르시되 너희도 이렇게 깨달음이 없느냐 무엇이든지 밖에서 들어가는 것이 능히 사람을 더럽게 하지 못함을 알지 못하느냐 이는 마음으로 들어가지 아니하고 배로 들어가 뒤로 나감이라 이러므로 모든 음식물을 깨끗하다 하시니라.

이 구절은 예수님의 가르침이 모든 음식물들을 먹을 수 있다고 선언하신 것으로 설명하고 있습니다. 동일한 가르침을 우리는 로마서 14장 14-15절에서도 발견할 수 있습니다.

내가 주 예수 안에서 알고 확신하노니 무엇이든지 스스로 속된 것이 없으되 다만 속되게 여기는 그 사람에게는 속되니라 만일 음식으로 말미암아 네 형제가 근심하게 되면 이는 네가 사랑으로 행하지 아니함이라 그리스도께서 대신하여 죽으신 형제를 네 음식으로 망하게 하지 말라.

이 구절에서 사도바울은 음식에 관하여 말씀하고 있으며, 여기서 속되다는 말은 부정하다는 것입니다. 바울의 가르침은 본질적으로 부정한 음식이란 없다는 것입니다. 모든 음식물은 본질적으로는 정결한 것이고, 또 우리의 생명을 위해 희생하는 귀중한 다른 생명체입니다. 그런데 사람이 그것을 부정하게 여기면 그 음식은 부정해진다는 것입니다. 다시 말해서 본질적으로 부정한 음식이란 없으며 그것을 보는 사람의 관점의 문제라는 것입니다. 고린도전서 10장 25절의 말씀은 이것을 설명하고 있습니다.

무릇 시장에서 파는 것은 양심을 위하여 묻지 말고 먹으라 이는 땅과 거기 충만한 것이 주의 것임이라.

물론 어떤 음식이 객관적으로도 우리의 양심을 거스르는 부정한 음식이 되는 경우가 있을 수 있습니다. 예를 들어서 우상에게 드려진 음식입니다. 우리가 어떤 음식을 먹을 때 그 음식이 우상에게 드려진 것임을 알게 된다면, 그래서 우리가 그 음식을 먹는 것이 내 신앙의 양심에 거슬리는 것이 된다면 그것을 먹지 말라고 성경은 말씀합니다. 그것은 죄가 되기 때문입니다. 고린도전서 10장 26-28절의 말씀은 이것을 설명하고 있습니다.

불신자 중 누가 너희를 청할 때에 너희가 가고자 하거든 너희 앞에 차려 놓은 것은 무엇이든지 양심을 위하여 묻지 말고 먹으라. 누가 너희에게 이것이 제물이라 말하거든 알게 한 자와 그 양심을 위하여 먹지 말라.

그 음식이 우상에게 드려진 제물임을 알게 된다면 나의 신앙적 양심을 지키고, 또 그것을 말해 준 사람이 혹 시험받지 않도록 거절하라고 권면하고 있습니다. 그러나 이 경우에도 먹고 마시는 문제는 신앙생활에서 본질적인 문제가 아니라는 사실을 기억해야 합니다. 다시 말해서 어떤 음식을 먹고 안 먹고의 문제를 신앙적으로 깊이 다룰 필요는 없다는 것입니다. 로마서 14장 17절은 이것을 가르칩니다.

하나님의 나라는 먹는 것과 마시는 것이 아니요 오직 성령 안에 있는 의와 평강과 희락이라.

율법주의적 선행과 그렇지 않은 선행을 어떻게 구별할 수 있겠습니까? 지금까지의 공부를 적용해 보면 우리는 세 가지 차이를 발견할 수 있습니다.

1) 동 기 의 차 이

첫째, 선행을 하는 동기입니다. 선한 행동과 실천이 하나님께 감사로 하는 응답적인 행위인지 아니면 하나님께 혹은 사람에게 잘 보이려고 하는 것인지를 구별해 볼 수 있습니다. 다른 말로 하면 기쁨과 자원하는 마음으로 하는 것인지, 아니면 의무감이나 다른 동기에 의해서 하는 것인지의 차이라고도 할 수 있습니다.

얼마 전에 탤런트 차인표 씨가 TV 프로그램에 나와 "저는 쓰레기였습니다"라는 말을 했습니다. 그는 자신이 과거에 했던 이웃돕기들이 잘못된 동기에 의해서 이뤄진 "쓰레기"같은 행위였다고 한 것입니다. "이제 그는 전혀 다른 동기에서 선행을 하고 있다고 고백합니다."

믿음의 행위는 구원을 주신 하나님의 은혜에 대한 응답으로서 하는 것이기에 감사와 자발성이 돋보이게 됩니다. 반면 율법주의적 선행은 자기의 자랑이나, 하나님께 구원을 받고자 하는 노력으로 행하는 것이기 때문에 의무감이나 불안감이 스며있게 됩니다. 다른 말로 설명해 보자면, 믿음의 선행은 아들이 하는 일이고, 아버지 하나님의 일, 즉 패밀리 비즈니스입니다. 그러나 율법주의적인 선행은 종업원의 일, 즉 남의 일입니다.

2) 능력의 차이

둘째, 선행을 누구의 힘으로 하는 것인지에 차이가 있습니다. 믿음의 선한 행위는 내가 하는 것이지만 성령님의 능력으로 하게 됩니다. 반면 율법주의적인 선행은 행위자 자신의 능력에 의존합니다. 참된 믿음으로 구원을 받은 사람은 하나님의 은혜와 능력을 알며 그것을 의지하는 사람입니다. 그는 사랑의 법이 요구하는 높은 표준을 알고 있으며, 인간의 노력이나 능력만으로 하나님의 높은 표준을 결코 만족시킬 수 없다는 것도 알고 있습니다. 그래서 성령님의 능력을 의지합니다. 반면, 율법주의자들은 자신의 능력으로 선행을 합니다. 그들은 그 외의 방법을 알지 못합니다. 미국에서 유명한 유대교 학자 한 분에게 성령님에 관해 물어본 적이 있는데, 그는 아는 바 없다고 하셨습니다. 이를 통해 기독교가 받은 깨달음이 얼마나 소중하고 놀라운가 하는 것을 새삼 느낄 수 있었습니다. 믿음의 사람들은 성령님의 능력으로 인도함을 받습니다.

3) 결과의 차이

셋째, 믿음의 선행과 율법주의적 선행은 그 결과도 다릅니다. 믿음의 선행은 하나님이 영광을 받으시고 사람은 가려집니다. 그도 그럴 수밖에 없는 것이, 하나님의 능력으로 선행을 행했기 때문입니다. 자랑하고 싶어도 인간이 자랑할 부분이 없는 것입니다. 그러나 율법주의적 선행은 그 일을 한 사람이 영광을 받습니다. 왜냐하면 사람이 힘껏 그 일을 행했기 때문입니다. 큰 선행을 하는 만큼 그 사람은 큰 긍지와 함께 명예를 구하게 됩니다. 그만큼 큰 희생을 감당했기 때문입니다.

그래서 우리는 사람들의 선행을 지켜보면서 대략 그것이 믿음의 선행인지, 아니면 율법주의적인 선행인지를 느끼게 됩니다. 그 선행이 불안이나 강박이나 의무감에 의해 행하였다면 그 선행이 사람의 능력과 희생으로 이루어졌다면, 그래서 그 사람이 은연중에라도 자신의 명예와 영광을 구한다면 그것은 율법주의적 선행이며, 하나님이 참으로 인정하시는 선행이 될 수 없을 것입니다.

그러나 만일 그 선행이 하나님께 드리는 자발적인 감사의 표시라면 그리고 성령님의 인도하심과 도우심으로 된 것이라면, 그래서 드리는 사람이 조금이라도 거기에서 아까움이나 자신의 명예를 생각하지 않는 것이라면 그것은 온전히 하나님이 기뻐하실 수 있는 민음의 선행일 것입니다. 그런 선행은 마태복음 6장 3절에서 "오른손이 하는 일을 왼손이 모르게 하라"신 예수님의 명령을 지켜 익명으로 행하는 데 아무런 어려움이 없을 것입니다. 그리고 그런 믿음의 선행은 사람들에게 깊은 은혜를 끼치게 될 것입니다. 그러나 율법주의적 선행은 종종 사람들에게 은혜만큼이나 열등감이나 거부감을 줄 수 있게 됩니다.

> **Q.** 성경은 믿음을 강조한다지만 요한계시록을 읽어보면 선행을 무척 강조하는데?
> **A.** 그렇습니다. 요한계시록의 최후 심판에서 불신자는 행위로 심판을 받고, 믿는 사람은 행위로 상급을 받습니다.

요한계시록을 보면 신앙인들의 행위에 관해 놀랍게도 수많은 경고와 요구가 이어지는 것을 보게 됩니다. 은혜와 믿음으로 구원받는 구원에 만족하는 수많은 성도는 요한계시록을 읽으면서 놀라게 됩니다. 이와 관련된 계시록의 내용을 함께 훑어보도록 하겠습니다.

먼저 요한계시록 2장과 3장은 소아시아의 일곱 교회에 주시는 주님의 메시지를 기록하고 있는데, 이들 메시지에는 행위와 순종에 대한 지적이 두드러지고 있습니다. 2장 2-3절에서 에베소교회에 대해서 주님은 말씀하십니다.

내가 네 행위와 수고와 네 인내를 알고 또 악한 자들을 용납하지 아니한 것과 자칭 사도라 하되 아닌 자들을 시험하여 그의 거짓된 것을 네가 드러낸 것과 또 네가 참고 내 이름을 위하여 견디고 게으르지 아니한 것을 아노라.

주님은 여기에서 에베소교회 성도들의 행위와 수고, 인내와 바른 교리와 견딤과 부지런함을 칭찬하고 계십니다. 주님께서 믿는 사람들의 모임인 교회에서 구하시는 것은 성숙한 믿음인 것입니다. 주님은 이어서 5절에서 말씀하십니다.

그러므로 어디서 떨어졌는지를 생각하고 회개하여 처음 행위를 가지라 만일 그리하지 아니하고 회개하지 아니하면 내가 네게 가서 네 촛대를 그 자리에서 옮기리라.

주님은 처음 행위, 첫사랑으로 가득했던 사랑의 삶의 모습을 회복하라고 말씀하십니다.

서머나교회에 보낸 편지에서도 주님은 그들이 앞으로 받게 될 고난을 언급하시면서 "네가 죽도록 충성하라 그리하면 내가 생명의 관을 네게 주리라"고 10절에서 권고하십니다. 여기서도 주님은 교회와 성도들의 순종의 삶을 요구하고 계십니다. 이어 버가모교회에 보내시는 편지에서 주님은 성도들이 핍박 가운데서도 믿음을 지킨 것애 대해 칭찬하고 계십니다(13절). 두아디라교회에 보내는 편지에서도 주님은 그들의 선한 행위들을 칭찬하십니다. "내가 네 사업과 사랑과 믿음과 섬김과 인내를 아노니 네 나중 행위가 처음 것보다 많도다"(19절). 그리고 거짓 선지자를 용납한 죄를 회개하라고 요구하십니다. 그리고 23절에서 "내가 너희 각 사람의 행위대로 갚아 주리라"고 말씀하십니다.

사데교회에 보내는 책망의 말씀에서도 주님은 행위의 회복을 요구하십니다. 3장 1-2절은 "사데교회의 사자에게 편지하라 하나님의 일곱 영과 일곱 별을 가지신 이가 이르시되 내가 네 행위를 아노니 네가 살았다 하는 이름은 가졌으나 죽은 자로다 너는 일깨어 그 남은 바 죽게 된 것을 굳건하게 하라 내 하나님 앞에 네 행위의 온전한 것을 찾지 못하였노니"하고 주님의 말씀을 기록합니다. 주님은 사데교회의 죽은 행위, 즉 미성숙한 믿음을 꾸짖으십니다.

빌라델비아교회에 보내는 서신에서 주님은 또다시 교회의 행위를 보십니다. 3장 8절과 10절에서 주님은 교회의 순종과 충성과 인내를 칭찬하십니다.

볼지어다 내가 네 앞에 열린 문을 두었으되 능히 닫을 사람이 없으리라 내가 네 행위를 아노니 네가 작은 능력을 가지고서도 내 말을 지키며 내 이름을 배반하지 아니하였도다… 네가 나의 인내의 말씀을 지켰은즉 내가 또한 너를 지켜 시험의 때를 면하게 하리니… 내가 속히 오리니 네가 가진 것을 굳게 잡아 아무도 네 면류관을 빼앗지 못하게 하라.

주님은 말씀을 지키는 교회를 격려하시고, 면류관을 약속하십니다. 라오디게아교회에 보내시는 3장 14-15절의 말씀에서 주님은 미지근한 신앙의 행위들을 강하게 책망하십니다.

내가 네 행위를 아노니 네가 차지도 아니하고 뜨겁지도 아니하도다 네가 차든지 뜨겁든지 하기를 원하노라 네가 이같이 미지근하여 뜨겁지도 아니하고 차지도 아니하니 내 입에서 너를 토하여 버리리라.

라오디게아 성도들에게 예수님에 대한 믿음이 없을 리가 없습니다. 그러나 그들의 믿음이 삶에서 행위로 나타나고 선한 열매를 맺지 못하는 것을 주님은 미지근하다고 책망하시고, 이들을 토하여 버리라고 강하게 경고하십니다.

요한계시록 14장에는 이스라엘 지파에서 구원받은 144,000명에 관한 묘사가 나오고 있는데, 1-4절은 이들이 어떤 신앙인들인지를 설명하고 있습니다.

또 내가 보니 보라 어린 양이 시온 산에 섰고 그와 함께 십사만 사천이 서 있는데 그들의 이마에는 어린 양의 이름과 그 아버지의 이름을 쓴 것이 있더라 … 이 사람들은 여자와 더불어 더럽히지 아니하고 순결한 자라 어린 양이 어디로 인도하든지 따라가는 자며 사람 가운데에서 속량함을 받아 처음 익은 열매로 하나님과 어린 양에게 속한 자들이니 그 입에 거짓말이 없고 흠이 없는 자들이더라.

이들의 이마에는 어린 양, 즉 우리를 위해 제물로 죽으셨던 주 예수님의 이름과 하나님 아버지의 이름이 쓰여 있습니다. 이것은 그들의 믿음의 고백을 나타내고 있다고 생각됩니다. 그러나 이들은 또한 삶으로 그들의 믿음을 보여주고 있습니다. 본문에서 이들은 간음하지 않은 사람들이고, 예수님의 인도함을 온전히 따르는 사람들이며, 거짓말을 하지 않는 진실한 사람들로 묘사되고 있습니다.

요한계시록은 19장에서 주 예수님이 성도들을 부르시는 잔치를 묘사하고 있는데, 예수님을 신랑에, 교회와 성도들을 신부에 비유하여 "어린 양의 혼인잔치"로 묘사하고 있습니다. 이 혼인잔치에 초청받는 사람, 즉 구원을 받는 사람들을 6-8절에서 다음과 같이 묘사하고 있습니다.

또 내가 들으니 허다한 무리의 음성과도 같고 많은 물 소리와도 같고 큰 우렛소리와도 같은 소리로 이르되 할렐루야 주 우리 하나님 곧 전능하신 이가 통치하시도다 우리가 즐거워하고 크게 기뻐하며 그에게 영광을 돌리세 어린 양의 혼인 기약이 이르렀고 그의 아내가 자신을 준비하였으므로 그에게 빛나고 깨끗한 세마포 옷을 입도록 허락하셨으니 이 세마포 옷은 성도들의 옳은 행실이로다 하더라.

예수님의 혼인잔치에 초청된 사람들은 깨끗한 세마포 옷을 입도록 했는데 이 예복은 성도들의 옳은 행위를 상징한다고 말씀하고 있습니다.

이처럼 요한계시록은 전체가 성도들의 행위에 주목하고 있습니다. 주님께서 교회의 행위에 주목하시는 이유는 결국 이것이 주님의 심판의 기준이시기 때문입니다. 요한계시록의 끝 부분에는 두 가지의 부활이 기록되고 있습니다. 하나는 성도들의 부활, 즉 첫째 부활입니다(20:4-5). 이들은 믿음을 지키기 위해 순교하고 짐승의 표를 받지 아니한 성도들로, 이들은 먼저 부활하여 그리스도와 함께 천년을 다스리게 됩니다. 두 번째의 부활은 죽은 자들의 부활, 즉 믿지 않는 자들의 부활입니다. 이들은 자기 행위를 따라 생명책에 기록된 대로 심판을 받고 불못에 던져지게 됩니다(20:12). 여기에서 우리는 주님이 행위를 보시는 두 가지 관점을 찾아볼 수 있습니다. 믿는 자들은 그들의 행위에 따라서 상급을 받고, 믿지 않는 자들은 그들의 행위에 따라서 심판을 받는 것입니다.

끝으로 요한계시록 21장은 하나님께로부터 하늘에서 내려오는 새 예루살렘 성을 묘사하고 있으며, 이 성에 살게 될 사람들의 자격을 기록하고 있습니다.

자기 두루마기를 빠는 자들은 복이 있으니 이는 그들이 생명나무에 나아가며 문들을 통하여 성에 들어갈 권세를 받으려 함이로다 개들과 점술가들과 음행하는 자들과 살인자들과 우상 숭배자들과 및 거짓말을 좋아하며 지어내는 자는 다 성 밖에 있으리라(요한계시록 21:14-15)

새 예루살렘은 하나님과 주 예수 그리스도께서 성도들과 함께 거하시는 거룩한 성입니다. 이 성에 들어갈 수 있는 사람들은 자기 두루마기를 빠는 사람들입니다. 이것은 19장 7절에 설명하는 것처럼 옳은 행위들을 의미합니다. 삶이 거룩하지 못한 사람들은 그 성에 들어가지 못할 것임을 이 구절들은 분명히 밝히고 있습니다.

따라서 요한계시록 전체는 주 예수께서 마음의 믿음과 고백뿐만 아니라 믿음의 삶을 요구하신다는 것을 증거하는 것입니다. 믿지 않는 자들에게 믿음을 보기를 원하시는 주님께서는 믿는 자들, 즉 교회에게서 믿음의 성장과 그 결과인 순종과 선한 행실들을 보기를 원하십니다. 그래서 그들이 주님께서 예비하신 상급과 면류관을 받기를 원하십니다. 성령이 교회들에게 주시는 이 말씀을 이제 우리 한국교회가 듣고 열심을 내어야 할 때라고 생각됩니다.

> **Q.** 사도바울은 원래 유대 율법사 출신인데 율법을 버린 것인가?
> **A.** 바울은 율법을 새롭게 해석했습니다.

초기 기독교의 역사에서 사도바울만큼 중요한 인물은 없다고 해도 과언이 아닐 것입니다. 또한 오늘날의 기독교에 바울만큼 영향을 준 사람도 없을 것입니다. 물론 베드로와 요한과 같은 위대한 사도들이 있었지만, 바울은 신약성경 27권 중에 거의 절반을 기록했던 분이기도 합니다. 그리고 로마서와 갈라디아서 등을 통해서 예수님을 믿고 구원을 받는 이신칭의(以信稱義) 교리를 정립하는 데 있어서 결정적인 역할을 한 사람이 사도바울입니다. 그러나 그가 처음부터 그것을 깨달았던 것은 아니었습니다. 그는 철저한 유대교 신자였고, 율법을 수호하고 율법을 준수하는 데 헌신된 율법사의 길을 걸었습니다. 그랬던 바울이 어떻게 그가 그토록 사랑하던 율법과 정면대결을 하게 되었을까요?

1) 바울의 배경

바울에 관해서 우리가 첫째로 기억할 것은 바울이 구약의 율법에 정통한 유대인이었다는 사실입니다. 그는 혈통적으로 베냐민 지파에 속한 유대인이었으며, 유대 율법에 따라서 8일 만에 할례를 받았습니다. 바울은 로마의 지배하에 있었던 소아시아의 길리기아 왕국의 수도인 다소(Tarsus)라는 큰 도시에서 태어났으나 어려서부터 예루살렘에 와서 자랐고, 율법사가 되기 위해서 훈련받은 정통 유대인이었던 것입니다. 그는 당대에 저명한 율법학자였던 랍비 가말리엘의 제자가 되어 치열하게 율법을 공부하여 바리새인이 되었습니다.

바울의 배경을 보여주는 성경구절로는 우선 사도행전 22장 3절이 있습니다. 바울은 자신을 다음과 같이 소개합니다.

나는 유대인으로 길리기아 다소에서 났고 이 성에서 자라 가말리엘의 문하에서 우리 조상들의 율법의 엄한 교훈을 받았고 오늘 너희 모든 사람처럼 하나님께 대하여 열심이 있는 자라.

또 빌립보서 3장 5-6절에서도 우리는 바울이 하는 자기소개를 보게 됩니다.

나는 팔일 만에 할례를 받고 이스라엘 족속이요 베냐민 지파요 히브리인 중의 히브리인이요 율법으로는 바리새인이요 열심으로는 교회를 박해하고 율법의 의로는 흠이 없는 자라.

사도행전 23장 6절에서 바울은 그 뿐만 아니라 그의 부친도 바리새인이었음을 말합니다.

둘째로 우리는 바울이 단순한 학자가 아니라 뛰어난 유대교인이었음을 알게 됩니다. 다시 말해서 그는 하나님이 주신 구약의 율법들을 실천하고 하나님을 섬기는 일에 헌신한 사람이었습니다. 율법에 대한 그의 헌신은 유대의 율법체계를 흔드는 예수의 무리들을 핍박하는 것으로 나타났습니다.

빌립보서 3장 6절에서 바울은 "열심으로는 교회를 박해하고 율법의 의로는 흠이 없는 자라"고 자신을 소개하고 있습니다. 유대율법의 수호에 대한 그의 헌신을 보여주는 일화가 사도행전 7장에 나옵니다. 스데반 집사가 예수님의 부활을 증거하다가 군중들이 던진 돌에 맞아서 순교할 때 바울이 등장합니다.

그들이 큰 소리를 지르며 귀를 막고 일제히 그에게 달려들어 성 밖으로 내치고 돌로 칠새 증인들이 옷을 벗어 사울이라 하는 청년의 발 앞에 두니라 그들이 돌로 스데반을 치니 스데반이 부르짖어 이르되 주 예수여 내 영혼을 받으시옵소서 하고 무릎을 꿇고 크게 불러 이르되 주여 이 죄를 그들에게 돌리지 마옵소서 이 말을 하고 자니라 사울은 그가 죽임 당함을 마땅히 여기더라 그 날에 예루살렘에 있는 교회에 큰 박해가 있어 사도 외에는 다 유대와 사마리아 모든 땅으로 흩어지니라(사도행전 7:57-8:1).

이 사건 속에서 사울은 이 핍박의 주동자 역할을 하고 있습니다. 사울은 바울의 다른 이름입니다.

사도행전 9장 1-2절은 사울이 더욱 적극적으로 교회핍박에 나서는 장면을 생생하게 보여줍니다.

사울이 주의 제자들에 대하여 여전히 위협과 살기가 등등하여 대제사장에게 가서 다메섹 여러 회당에 가져갈 공문을 청하니 이는 만일 그 도를 따르는 사람을 만나면 남녀를 막론하고 결박하여 예루살렘으로 잡아오려 함이라.

다메섹은 유대 북부의 도시인 다마스커스를 가리킵니다. 사울은 죽은 예수가 부활했다고 가르치는 무리들을 유대 전역에서 제거하기로 결심하고 예루살렘의 종교지도자들에게 전권을 받아 나서게 되었습니다.

셋째로 바울은 외국에서 태어났고 로마의 시민권을 가진, 당시의 세계문화에 대한 이해를 가지고 있는 사람이었습니다. 유대 땅이 아니라 로마의 식민지에서 태어나 어린 시절을 보낸 경험이 있는 그는 그의 학문적인 연구와 함께 그에게 유대문화 밖을 볼 수 있는 눈을 가지게 되었을 것입니다. 그의 아버지는 유대인이지만 로마 시민권을 가진 이중 국적자였고, 따라서 그도 로마의 시민권을 가지고 있었습니다. 그의 로마식 이름 바울은 유대인으로서의 이름 사울과 함께 그의 정체성을 상징합니다.

후에 그가 예수님을 믿고 사명을 받아 이방인들의 선교사로 나설 때 그가 경험한 디아스포라 생활과 로마시민권, 그리고 그의 세계 시민적 관점이 그에게 꼭 필요한 배경과 소양이 되어 주었을 것입니다. 실제로 신약성경의 곳곳에서 그가 이러한 배경을 적극 활용하여 선교에 나섰던 것을 볼 수 있습니다. 그는 로마 시민권을 활용하여 황제에게 호소하였고, 마침내 로마에까지 가서 복음을 전하고 그곳에서 영광스런 순교를 하게 됩니다.

2) 회심 후 율법과의 대결

바울은 교회를 핍박하러 다메섹으로 가는 길에서 예수님을 만나게 됩니다. 사도행전 9장 3-9절은 이 사건을 다음과 같이 기록하고 있습니다.

사울이 길을 가다가 다메섹에 가까이 이르더니 홀연히 하늘로부터 빛이 그를 둘러 비추는지라 땅에 엎드러져 들으매 소리가 있어 이르시되 사울아 사울아 네가 어찌하여 나를 박해하느냐 하시거늘 대답하되 주여 누구시니이까 이르시되 나는 네가 박해하는 예수라. 너는 일어나 시내로 들어가라 네가 행할 것을 네게 이를 자가 있느니라 하시니. 같이 가던 사람들은 소리만 듣고 아무도 보지 못하여 말을 못하고 서 있더라 사울이 땅에서 일어나 눈은 떴으나 아무 것도 보지 못하고 사람의 손에 끌려 다메섹으로 들어가서 사흘 동안 보지 못하고 먹지도 마시지도 아니하니라.

사울은 예수님을 개인적으로 만난 적이 없었습니다. 그는 아마도 자기가 태어난 고향인 길리기아 지방으로 돌아가서 유대교 회당을 섬기고 있었는지도 모릅니다. 그러다가 예루살렘에서 일어난 예수의 무리들의 소식을 듣고 귀국하여 교회를 핍박하는 일에 헌신하였을 것으로 짐작됩니다. 이제 그는 전국적으로 이 일을 하고자 결심하였고, 그 일을 하기 위해 다메섹으로 가는 길이었습니다. 그런데 그 길 위에서 부활하신 예수님을 만나게 된 것입니다. 자신의 신념에 사로잡혀 있었던 사울에게 주님께서는 초자연적인 모습으로 나타나셔서 사울의 신념이 잘못된 것임을 깨닫게 해 주셨습니다. 예수님에게서 비취는 밝은 광채로 인해 사울의 눈은 멀어버렸고, 고통과 혼란 중에 그는 살아계신 예수님의 음성을 들었습니다.

　이것은 사울에게 천지개벽과도 같은 일이었습니다. 유대율법의 체계를 근본적으로 흔들고 도전하다가 처형당해 죽은 예수가 정말로 부활하였고, 그가 신적인 능력을 가진 존재라는 사실이 명백해진 것입니다. 그는 눈이 먼 상태로 누군가의 손에 이끌려 다메섹 성으로 들어갔지만 사흘 동안 먹지도 마시지도 못했습니다. 아니 먹을 수도 마실 수도 없었을 것입니다. 이 사건은 그의 세계관 전체를 무너뜨렸습니다. 아니 이 사건은 그가 신봉하던 유대율법 전체에 대한 도전이었습니다.

그리하여 사울의 머리 속에서는 구약율법에 대한 치열한 재평가 작업이 시작되었습니다. 모세를 통해 율법을 주신 하나님이 이제 아들을 통해 새롭게 말씀하신 것이 무엇인가를 그는 찾아내야 했습니다. 갈라디아서 1장 17-18절은 사울이 예수님을 만난 즉시 아라비아로 갔다가 다메섹으로 돌아갔다고 기록하고 있습니다. 그 기간은 3년이었습니다. 그에게는 그만큼의 시간이 필요했을 것입니다. 구약의 하나님과 신약의 예수님이 어떻게 연결되는지, 구약시대에 하나님이 주신 율법의 길과 예수 그리스도를 통해 주신 새로운 구원의 길이 어떻게 이어지는지를 그는 알아내야 했던 것입니다. 그리고 그의 고민과 기도를 통해서 구약과 신약이 이어지게 됩니다.

첫째, 구약에서 은혜와 믿음의 법을 발견하다

신약성경의 갈라디아서는 그의 변화된 율법관의 특징을 다음과 같이 잘 보여줍니다. 첫째, 바울은 모세를 통해 십계명과 율법을 받기 이전에 은혜의 율법이 주어졌다는 사실을 선포합니다. 이것은 아무도 이야기 한 적이 없는 새로운 주장이었고, 유대교에는 충격적인 주장이었습니다. 바울은 3장 17절에서 이렇게 강조합니다.

내가 이것을 말하노니 하나님께서 미리 정하신 언약을 사백삼십 년 후에 생긴 율법이 폐기하지 못하고 그 약속을 헛되게 하지 못하리라.

위대한 선지자 모세가 출애굽 사건 이후에 시내 산에서 하나님께 받았던 십계명과 그외 다른 여러 계명들이 유대교의 시작이고 기초였습니다. 그런데 바울은 하나님께서 그 전에 이미 언약, 즉 약속의 계명을 주셨다고 말하는 것입니다. 그 약속의 계명은 무엇입니까? 바로 아브라함에게 주신 약속이었습니다. 유대민족이 이집트로 들어가기도 전에, 그러므로 이집트에서 400년 동안 살면서 종살이하는 일들이 있기 전에 이미 하나님께서는 아브라함에게 언약을 주셨다는 것입니다. 이 언약은 창세기 15장 1-6절에 기록된 사건을 가리킵니다.

이 후에 여호와의 말씀이 환상 중에 아브람에게 임하여 이르시되 아브람아 두려워하지 말라 나는 네 방패요 너의 지극히 큰 상급이니라 아브람이 이르되 주 여호와여 무엇을 내게 주시려 하나이까 나는 자식이 없사오니 나의 상속자는 이 다메섹 사람 엘리에셀이니이다 아브람이 또 이르되 주께서 내게 씨를 주지 아니하셨으니 내 집에서 길린 자가 내 상속자가 될 것이니이다 여호와의 말씀이 그에게 임하여 이르시되 그 사람이 네 상속자가 아니라 네 몸에서 날 자가 네 상속자가 되리라 하시고 그를 이끌고 밖으로 나가 이르시되 하늘을 우러러 뭇별을 셀 수 있나 보라 또 그에게 이르시되 네 자손이 이와 같으리라 아브람이 여호와를 믿으니 여호와께서 이를 그의 의로 여기시고.

이 만남에서 하나님은 아브라함에게 상속자가 될 아들을 약속하시고, 그를 통해서 수많은 자손들을 주실 것을 약속하셨습니다. 아브라함은 하나님의 말씀을 믿었고, 하나님께서는 이 아브라함의 믿음을 의롭게 보셨다고 본문은 기록하고 있습니다. 여기에서 바울은 하나님과 이스라엘 민족의 원래 언약은 하나님의 은혜의 약속과, 그것을 믿는 인간의 믿음으로 이루어진 것이라는 사실을 깨닫게 됩니다. 훗날 모세를 통해 이스라엘 백성이 하나님과 맺은 언약은 하나님의 율법에 복종하고 순종함으로 축복 받는 행위의 언약이었지만, 아브라함에게 주신 언약은 은혜와 믿음의 언약이라는 사실을 깨달은 것입니다.

하나님이 원초적 언약을 통해 요구하시는 것은 모세의 율법과는 달리 하나님의 약속을 믿고 신뢰하는 것입니다.

아브라함이 하나님을 믿으매 그것을 그에게 의로 정하셨다 함과 같으니라(갈라디아서 3:6).

그래서 바울은 구약신앙의 원형이 모세가 받은 율법이 아니라 아브라함이 받은 약속이라는 사실을 강조하게 된 것입니다. 원래 구약성서의 신앙은 하나님의 약속과 그 약속에 대한 신뢰라는 것입니다. 유대교는 원래 은혜와 믿음의 종교였다는 사실을 바울이 깨달았던 것입니다! 하나님은 이것을 아브라함에게 계시하셨고, 그리고 이제 때가 차매 예수 그리스도를 통해서 완성하신 것입니다. 갈라디아서 3장 16절은 이것을 말씀하십니다.

이 약속들은 아브라함과 그 자손에게 말씀하신 것인데 여럿을 가리켜 그 자손들이라 하지 아니하시고 오직 한 사람을 가리켜 네 자손이라 하셨으니 곧 그리스도라.

이제 하나님께서는 은혜로 아들을 희생하셨고, 그 아들을 믿는 자들을 구원하십니다. 예수님을 믿는 것은 아브라함에게 주신 축복의 언약을 성취하는 일입니다. 예수님을 믿는 수없는 사람들이 바로 하나님이 약속하신 아브라함의 후손입니다. 믿음의 아버지인 아브라함의 믿음의 후손들 말입니다.

둘째, 모세율법은 구원의 차선책이었다

그러면 모세를 통해서 하나님이 주신 율법들은 무엇입니까? 하나님은 왜 이러한 율법들을 주셨습니까? 사도바울은 그 이유를 두 가지로 설명합니다. 첫째, 모세의 율법들은 약속과 믿음의 은혜의 법을 저버린 죄인들을 위해서 하나님이 주신 차선의 길이라는 것입니다. 갈라디아서 3장 19절은 이것을 기록하고 있습니다.

그런즉 율법은 무엇이냐 범법하므로 더하여진 것이라 천사들을 통하여 한 중보자의 손으로 베푸신 것인데 약속하신 자손이 오시기까지 있을 것이라.

율법은 유대인들이 하나님의 약속을 신뢰하지 않고 하나님을 떠남으로 말미암아 죄인되었기 때문에 하나님께서 주신 차선의 언약입니다. 거룩하신 하나님의 최소한의 요구사항들을 백성들에게 알려주어 그들이 그것을 지킴으로 축복받도록 하신 것입니다.

셋째, 모세율법의 참된 기능은 은혜의 법으로 인도하는 것이다

모세의 율법이 가진 궁극적인 기능은 하나님의 은혜의 약속으로 돌아오게 하는 것이며, 그 은혜의 길인 예수 그리스도에게 돌아오도록 하는 것입니다. 구약율법의 기능은 결국 백성들로 하여금 죄를 깨닫게 하는 것입니다. 그래서 그들이 스스로는 하나님의 구원을 받을 길이 없다는 사실을 깨닫게 해 주는 것입니다. 이를 통해서 사람들이 예수님 안에 있는 하나님의 은혜의 약속으로 돌아오게 하는 것입니다. 갈라디아서 3장 22절이 이것을 설명합니다.

그러나 성경이 모든 것을 죄 아래에 가두었으니 이는 예수 그리스도를 믿음으로 말미암는 약속을 믿는 자들에게 주려 함이라.

구약성경 전체는 그 율법 조항들을 통해서 모든 인간들을 죄 아래에 가둡니다. 그래서 사람으로 하여금 구원의 길이 없다는 사실을 깨닫게 하고 예수 그리스도를 믿는 믿음의 길로 인도하는 것입니다.

율법이 인간으로 하여금 죄를 깨닫고 예수님의 은혜로 인도하는 기능을 한다는 것은 로마서에서도 일관되게 가르치는 내용입니다. 로마서 3장 19-20절은 "우리가 알거니와 무릇 율법이 말하는 바는 율법 아래에 있는 자들에게 말하는 것이니 이는 모든 입을 막고 온 세상으로 하나님의 심판 아래에 있게 하려 함이라 그러므로 율법의 행위로 그의 앞에 의롭다 하심을 얻을 육체가 없나니 율법으로는 죄를 깨달음이니라"고 기록하고 있습니다. 율법의 기능은 사람들에게 죄를 깨닫게 하는 것임을 말하는 것입니다.

구약율법의 이러한 기능을 설명하기 위해서 바울은 초등교사의 예를 듭니다.

이같이 율법이 우리를 그리스도께로 인도하는 초등교사가 되어 우리로

하여금 믿음으로 말미암아 의롭다 함을 얻게 하려 함이라 믿음이 온 후로는 우리가 초등교사 아래에 있지 아니하도다(갈라디아서 3:24-25).

모세의 율법은 구원의 길을 온전히 보여주는 고등교사가 아닙니다. 그것은 우리에게 하나님의 도덕적 표준을 가르쳐 주는 초보적인 교육을 담당하는 교사와 같습니다. 바울이 강조하는 것은, 우리가 초등교사에게 배운 것으로 만족해서는 안 되며 고등교사인 예수님을 만나야 한다는 것입니다.

갈라디아서 4장에서 바울은 율법의 이러한 초보적 기능을 설명하기 위해서 또 하나의 예를 들고 있습니다. 율법의 역할은 후견인의 역할과 같다는 것입니다. 4장 1-5절의 말씀을 봅시다.

내가 또 말하노니 유업을 이을 자가 모든 것의 주인이나 어렸을 동안에는 종과 다름이 없어서 그 아버지가 정한 때까지 후견인과 청지기 아래에 있나니 이와 같이 우리도 어렸을 때에 이 세상의 초등학문 아래에 있어서 종노릇 하였더니 때가 차매 하나님이 그 아들을 보내사 여자에게서 나게 하시고 율법 아래에 나게 하신 것은 율법 아래에 있는 자들을 속량하시고 우리로 아들의 명분을 얻게 하려 하심이라.

여기에 나이 어린 상속자가 있습니다. 이 상속자는 분명히 아버지의 재산을 물려받을 법적인 권리가 있습니다. 그러나 그는 아직 너무 어리기 때문에 그 권리를 행사할 수 없습니다. 그래서 아버지는 후견인 혹은 청지기를 세워 당신의 재산을 관리하게 하고, 아이의 나이가 찼을 때 비로소 유산에 대한 권리를 행사하도록 한다는 것입니다. 이와 같이 율법은 우리의 후견인과 청지기 노릇을 해 줍니다. 우리는 모세의 율법을 통해서 하나님의 뜻을 분별하고 우리의 부족함을 깨달아 예수님 안에서 우리의 구원을 찾게 되는 것입니다.

바울은 율법의 기능을 설명하기 위해서 갈라디아서 4장에서 또 하나의 예를 들고 있습니다. 그것은 창세기 16장과 21장에 나타난 아브라함의 두 아들 이스마엘과 이삭의 예입니다. 아브라함이 아기를 갖기 위해서 첩을 들이고 이스마엘을 낳은 것은 구원을 위한 인간의 노력, 즉 율법주의적 노력을 의미합니다. 반면 아브라함이 100세나 되어서 아내인 사라를 통해서 이삭을 낳은 것은 온전히 하나님의 능력과 은혜로 하신 일이며 구원이 하나님이 보내신 예수 그리스도의 공로 안에서 성취된 것을 의미합니다. 바울은 30-31절에서 이렇게 결론을 맺습니다.

그러나 성경이 무엇을 말하느냐 여종과 그 아들을 내쫓으라 여종의 아들이 자유 있는 여자의 아들과 더불어 유업을 얻지 못하리라 하였느니라 그런즉 형제들아 우리는 여종의 자녀가 아니요 자유 있는 여자의 자녀니라.

이스마엘과 이삭이 한 집에서 살 때 끊임없는 다툼이 일어났습니다. 이 일로 아브라함이 고민할 때 하나님은 이스마엘을 내보내도

좋다고 하셨습니다. 이에 아브라함은 이스마엘을 내보내게 됩니다. 이와 같이 바울은 율법주의를 폐기하고 이제 은혜의 복음을 믿음으로 구원받을 것을 강조하고 있습니다.

넷째, 은혜와 믿음의 법은 탁월하다

고린도후서 3장 3절에서 바울은 구약의 율법과 신약의 새로운 법을 더욱 극적으로 대비시키고 있습니다.

너희는 우리로 말미암아 나타난 그리스도의 편지니 이는 먹으로 쓴 것이 아니요 오직 살아 계신 하나님의 영으로 쓴 것이며 또 돌판에 쓴 것이 아니요 오직 육의 마음판에 쓴 것이라.

구약율법은 먹으로 쓴 것이지만, 신약의 법은 영으로 쓴 것입니다. 또한 십계명은 돌에 새긴 것이지만 새 법은 사람의 마음판에 새긴 것입니다. 또 6절은 "그가 또한 우리를 새 언약의 일꾼 되기에 만족하게 하셨으니 율법 조문으로 하지 아니하고 오직 영으로 함이니 율법 조문은 죽이는 것이요 영은 살리는 것이니라"고 기록하고 있습니다. 율법의 조항들은 사람들을 죽이는 것이지만, 영의 법은 사람을 살리는 것입니다.

다섯째, 믿음을 가진 사람들은 모세보다 위대하다

은혜의 법을 깨닫고 구약율법에 대해 전면적인 재해석을 하게 된 바울은 모세에 대해서도 충격적인 평가를 내리게 됩니다. 출애굽기 34장 30-34절에 보면 모세가 하나님을 만난 이후에 얼굴에서 광채가 나는 것을 보고 백성들이 심히 두려워하자 모세는 백성들을 위해 얼굴에 두건을 쓰고 백성들을 가르쳤습니다. 후에 이것이 전통이 되어 유대인들은 회당에서 율법을 읽을 때 머리에 두건을 쓰게 된 것입니다. 그런데 바울은 고린도후서 3장 13-15절에서 다음과 같이 쓰고 있습니다.

우리는 모세가 이스라엘 자손들에게 장차 없어질 것의 결국을 주목하지 못하게 하려고 수건을 그 얼굴에 쓴 것 같이 아니하노라 그러나 그들의 마음이 완고하여 오늘까지도 구약을 읽을 때에 그 수건이 벗겨지지 아니하고 있으니 그 수건은 그리스도 안에서 없어질 것이라 오늘까지 모세의 글을 읽을 때에 수건이 그 마음을 덮었도다.

모세의 영광은 없어질 것이며, 두건을 쓰는 전통은 결국 사람들의 마음을 진리로부터 가리는 것에 지나지 않는다고 바울은 담대히 비평하고 있습니다. 모세를 통한 율법은 인간을 구원으로 이끌지 못하기 때문입니다. 모세에게 비친 계시의 빛은 온전한 구원의 빛이 되지 못했습니다.

온전하고 영원한 빛은 예수 그리스도에게 있습니다. 고린도후서 3장 16-19절에서 바울은 결론을 맺습니다.

그러나 언제든지 주께로 돌아가면 그 수건이 벗겨지리라 주는 영이시니 주의 영이 계신 곳에는 자유가 있느니라 우리가 다 수건을 벗은 얼굴로 거울을 보는 것 같이 주의 영광을 보매 그와 같은 형상으로 변화하여 영광에서 영광에 이르니 곧 주의 영으로 말미암음이니라.

예수 그리스도가 주신 법은 진정한 구원의 빛을 우리에게 가져다줍니다. 그리고 이 법은 성령님이 개개인을 인도하시고 힘주시는 법입니다. 개개인의 상황과 처지를 아시는 성령님께서 인도하시는 이 법은 사람들에게 속박이 아니라 자유를 줍니다. 그 길에서 우리는 예수 그리스도의 영광을 보게 됩니다. 그리고 그 영광의 빛을 닮아가는 것입니다.

이와 같이 바울은 예수 그리스도를 구주로 영접한 후에 유대율법 전체를 예수 그리스도의 시각에서 전면적으로 재해석하였고, 이를 통해서 율법주의를 극복할 수 있었습니다. 이제 그에게 율법은 본질적으로 은혜의 약속이며, 예수님 안에서 완성된 것이며, 하나님을 사랑하는 방법이 되었고, 성령님을 통해 실천되는 자유의 법이 되었습니다. 구약전체는 이 법의 계시를 예고하고 준비하는 과정이었던 것입니다.

바울이 내린 구약과 모세와 모세율법에 대한 이러한 재평가는 얼핏 보기에 지나친 감이 있습니다. 그러나 율법주의의 한계에 대해서 예수님은 일찍이 더욱 통렬한 평가를 내리신 적이 있습니다. 마태복음 11장 11-13절에서 주님은 이렇게 말씀하셨습니다.

> 내가 진실로 너희에게 말하노니 여자가 낳은 자 중에 세례 요한보다 큰 이가 일어남이 없도다 그러나 천국에서는 극히 작은 자라도 그보다 크니라 세례요한의 때부터 지금까지 천국은 침노를 당하나니 침노하는 자는 빼앗느니라 모든 선지자와 율법이 예언한 것은 요한까지니.

여기에서 주님은 세례요한의 위대함을 칭찬하십니다. 세례요한은 위대한 선지자였고, 율법을 지키는데 있어서 그보다 온전한 사람은 없었습니다. 그래서 그는 회개의 세례를 줄 수 있었습니다. 그러나 주님은 분명히 말씀하십니다. 천국에서는 가장 작은 자라도 세례요한보다 위대하다는 것입니다. 이 말씀은 천국의 차원은 율법주의를 넘어선다는 것입니다. 예수님의 속죄로 받은 은혜의 복음을 통해 우리는 세례요한이 도달하지 못한 하나님의 완전함을 맛보게 되는 것입니다. 율법은 세례요한까지입니다. 세례요한은 구약의 마지막을 장식하는 위대한 선지자였습니다. 이제 새로운 시대, 새로운 언약, 새로운 율법의 시대가 열리게 된 것입니다. 그리고 바울은 그것을 깨달았습니다.

성경은 분명히 믿음의 성장을 가르치고 있습니다. 그런데 우리의 믿음은 과연 어느 정도까지 자랄 수 있을까요? 에베소서 4장은 믿음 성장의 목표를 다음과 같이 말씀하고 있습니다.

그가 어떤 사람은 사도로, 어떤 사람은 선지자로, 어떤 사람은 복음 전하는 자로, 어떤 사람은 목사와 교사로 삼으셨으니 이는 성도를 온전하게 하여 봉사의 일을 하게 하며 그리스도의 몸을 세우려 하심이라 우리가 다 하나님의 아들을 믿는 것과 아는 일에 하나가 되어 온전한 사람을 이루어 그리스도의 장성한 분량이 충만한 데까지 이르리니(에베소서 4:11-13).

이 말씀은 교회가 다양한 직분들을 통해서 성도들을 온전케 한다는 것입니다. 그리하여 성도들이 그리스도의 장성한 분량이 충만한 데까지 이른다는 것입니다. 본문의 정확한 의미는 그리스도의 완전한 바로 그 키와 연령에 도달하기까지 성장한다는 것입니다. 물론 영적인 차원에서의 키와 연령을 말합니다. 이것은 놀라운 말씀입니다. 성도들의 믿음의 삶이 그리스도의 온전한 분량에 도달한다는 것이라니 말입니다. 우리의 삶을 온전하신 그리스도와 비교한다는 것은 있을 수 없는 일이 아닐까요?

그러나 그 다음 본문은 다시금 이 목표를 상기시킵니다.

이는 우리가 이제부터 어린 아이가 되지 아니하여 사람의 속임수와 간사한 유혹에 빠져 온갖 교훈의 풍조에 밀려 요동하지 않게 하려 함이라 오직 사랑 안에서 참된 것을 하여 범사에 그에게까지 자랄지라 그는 머리니 곧 그리스도라.

14-15절의 이 본문은 신앙성장의 혜택들을 설명하고 있습니다. 우리의 신앙이 성장함으로써 우리는 영적인 어린아이 신세를 면하게 되고, 사람들의 속임수나 간사한 유혹에 빠지지 않게 되며, 온갖 다른 가르침들의 풍조에 밀려 요동하지 않게 된다는 것입니다. 그 대신에 성숙한 신앙인들은 사랑 안에서 진리를 말하면서 범사에, 즉 모든 면에서, 교회의 머리이신 그리스도에게까지 자랄 것이라고 말씀하고 있습니다. 다시 한 번 본문은 우리의 신앙성장의 목표가 주 예수님의 수준임을 가리키고 있는 것입니다. 물론 우리가 그 머리가 되는 것은 아닙니다. 그리스도의 인격과 영성이 우리의 목표가 된다는 것입니다. 이것은 명령이기도 합니다. 우리는 그리스도의 분량에 이르도록 명령받은 것입니다.

골로새서 1장 28-29절은 사도바울이 이 목표를 위해서 뛰고 있음을 보여줍니다.

우리가 그를 전파하여 각 사람을 권하고 모든 지혜로 각 사람을 가르침은 각 사람을 그리스도 안에서 완전한 자로 세우려 함이니 이를 위하여 나도 내 속에서 능력으로 역사하시는 이의 역사를 따라 힘을 다하여 수고하노라.

사도바울은 각각의 성도들을 그리스도 안에서 완전한 사람으로 세우는 일에 성령님의 인도하심을 따라 전심전력하고 있다는 것입니다. 그리스도인의 완전은 사도바울의 목표이기도 한 것입니다.

베드로 사도를 통해 기록된 성경말씀 또한 이러한 목표를 분명히 합니다. 앞에서 인용한 바 있는 베드로후서 1장 3-4절은 다음과 같이 가르칩니다.

그의 신기한 능력으로 생명과 경건에 속한 모든 것을 우리에게 주셨으니 이는 자기의 영광과 덕으로써 우리를 부르신 이를 앎으로 말미암음이라 이로써 그 보배롭고 지극히 큰 약속을 우리에게 주사 이 약속으로 말미암아 너희가 정욕 때문에 세상에서 썩어질 것을 피하여 신성한 성품에 참여하는 자가 되게 하려 하셨느니라.

하나님께서는 놀라운 능력으로 신앙의 성장에 필요한 모든 것을 우리에게 주셨다는 것입니다. 이를 통해서 보배롭고 지극히 큰 약속을 우리에게 주셨습니다. 그 약속은 무엇입니까? 그것은 세상에서 죄로 말미암아 우리의 영혼과 삶이 썩어지는 것을 피하는 것입니다. 그리고 거기에서 더 나아가서 하나님의 신성한 성품에 참여하는 자가 되게 하겠다는 약속입니다. 우리가 하나님의 성품에 참여한다는 것입니다. 하나님께서는 이 약속을 지키시기 위해서, 우리가 이 목표를 이룰 수 있도록 모든 필요한 것들을 공급해 주셨다는 것입니다! 이 세상에서 죄를 이기는 것! 하나님의 성품에 참여하는 것! 그야말로 벅찬 약속이 아니겠습니까?

하나님께서 믿는 자에게 주시는 이 약속을 받아 적은 사람이 베드로라는 사실은 우리에게 깊은 공감과 감동을 줍니다. 베드로가 누구입니까? 주님을 세 번 부인한 사람이 아닙니까? 그는 주님의 수제자였고, 누가복음 22장 33절에 보면 주님을 따라서 옥에도 가고 함께 죽으리라고 고백했던 사람이었습니다. 그러나 주님이 체포당하시고 대제사장에게 심문당하고 있는 그 곳에서 그는 저주하면서까지 주님을 세 번이나 모른다고 말했던 사람이 아니었던가요? 인간의 죄성과 연약함에 대해서 베드로처럼 처절하게 깨달은 사람은 없을 것입니다. 그러나 베드로는 부활하신 주님을 만났고, 성령님을 체험한 후에 완전히 변화되었습니다. 그는 세상에서 썩어질 죄의 부패성을 넘어섰고, 하나님의 성품에 참여한 자가 되었던 것입니다. 그는 예루살렘 교회의 기둥이 되었고 주님을 위해 당당히 순교의 길을 걸었습니다. 베드로가 기록한 이 약속은 그래서 우리에게 더욱 강하게 다가옵니다.

베드로는 우리가 무슨 생각을 할 것인지를 알았을 것입니다. "베드로는 수제자니까 그랬겠지. 베드로는 부활의 주님을 뵈었으니 그랬겠지. 베드로는 오순절 성령강림을 체험했으니 가능했겠지." 베드로는 그런 우리를 위해 베드로후서의 첫 구절을 이렇게 기록합니다.

예수 그리스도의 종이며 사도인 시몬 베드로는 우리 하나님과 구주 예수 그리스도의 의를 힘입어 동일하게 보배로운 믿음을 우리와 함께 받은 자들에게 편지하노니.

우리의 믿음은 동일하게 보배롭고, 우리의 믿음은 베드로가 가진 믿음과 다르지 않다는 것입니다. 이 약속은 우리를 위한 것입니다. 베드로의 삶에서 이뤄진 이 약속은 우리의 삶에서도 유효합니다. 여기에서 우리는 예수님의 말씀을 상기하게 됩니다.

그러므로 하늘에 계신 너희 아버지의 온전하심과 같이 너희도 온전하라.

마태복음 5장 48절의 이 말씀은 예수님이 제자들에게 주신 말씀입니다. 하나님처럼 온전하라는 명령입니다. 그리고 이 명령은 주님의 제자된 우리에게도 적용되는 말씀입니다. 여기에서 우리가 눈여겨 볼 것은, 예수님께서 하나님을 "너희 아버지"라고 부르셨다는 것입니다. 우리가 하나님의 온전하심과 거룩하심을 닮아야만 하겠고 또 닮을 수 있는 이유가 설명되고 있는 것입니다. 바로, 하나님이 우리 아버지라는 사실 말입니다. 자녀는 부모를 닮습니다. 이것은 너무도 당연한 것입니다. 우리가 하나님의 자녀가 되었다는 것은 이제 우리가 하나님을 닮아가는 것입니다. 그래서 우리의 성화, 우리 믿음의 성장은 당위와 율법과 요구의 차원을 넘어서는 것입니다.

이 모든 것이 나의 일, 아니 내 자아의 발현입니다. 너무도 자연스러운 일이고 당연한 것입니다. 하나님의 자녀로서 우리는 아버지의 일을 닮습니다. 우리는 아버지의 뜻을 실천합니다. 우리는 상속자이 기 때문에 아버지의 일이 우리의 일이 되었습니다. 사람들을 돌보 고 정의를 실천하고 악과 싸우는 일들은 모두가 우리의 일인 것입 니다. 아버지의 온전함을 닮는 목표, 이것이 예수님의 가르침입니 다. 완전한 성화, 그것은 우리의 분명한 목표임을 성경은 가르치고 있습니다.

> Q. 우리는 구원의 확신을 가질 수 있나?
> A. 성경은 구원의 확신이 있음을 가르칩니다.

먼저 구원의 확신과 거리가 있어 보이는 성경의 구절을 하나 살 펴보겠습니다. 성경에 보면 구원의 확신을 부인하는 듯한 몇몇 구 절들도 있기 때문입니다. 예를 들어 빌립보서 2장 12절은 다음과 같 이 말씀합니다.

그러므로 나의 사랑하는 자들아 너희가 나 있을 때뿐 아니라 더욱 지금 나 없을 때에도 항상 복종하여 두렵고 떨림으로 너희 구원을 이루라.

이 구절은 마치 빌립보교회의 성도들이 아직 구원을 받지 못했 고, 구원을 받기 위해 두렵고 떨림으로 복종하고 노력하라는 권면 처럼 보이기도 합니다. 그러나 여기에서 구원을 이루라는 것은 구원에 도달하라(work to salvation)는 것이 아니라, 구원을 드러내고 실천하라(work out salvation)는 의미입니다.[24] 다시 말해서 예수님을 믿음으로 이미 받은 구원을 실천하고 확장해 나가라는 권면입니다. 다른 말로 하자면 믿음의 성장, 구원의 확산을 요구하고 있습니다. 앞에서 우리가 설명했던 것처럼, 우리의 믿음은 성장하는 것입니다. 그리고 우리의 구원은 영혼구원으로부터 시작해서 우리 삶과 세상의 전 영역으로 확산됩니다. 여기에 관해서 이 자리에서 다시 길게 말할 필요는 없을 것입니다.

그러면 왜 "두렵고 떨림"으로 그렇게 해야 합니까? 역시 앞에서 설명한 바와 같이, 성장하지 않는 믿음은 부끄러운 구원, 즉 열매도 상급도 없는 구원으로 이어질 수 있기 때문입니다(고린도전서 3:10-15). 그리고 최악의 경우 이러한 믿음은 죄사함 받았음을 망각하거나(베드로후서 1:9) 믿음 자체를 잃어버리게 될 가능성도 있기 때문입니다(디모데전서 1:19). 그러나 예수님을 신뢰하는 믿음 안에 구원의 확신이 있다는 성경의 가르침은 이것과 전혀 모순되지 않는 것입니다.

이제 성경이 예수님을 믿는 사람들이 구원의 확신을 가질 수 있다는 것을 말씀하는 것에 대해서 알아보겠습니다. 요한일서 5장 9-13절은 다음과 같이 기록하고 있습니다.

만일 우리가 사람들의 증언을 받을진대 하나님의 증거는 더욱 크도다 하나님의 증거는 이것이니 그의 아들에 대하여 증언하신 것이니라 하나님의 아들을 믿는 자는 자기 안에 증거가 있고 하나님을 믿지 아니하는 자는 하나님을 거짓말하는 자로 만드나니 이는 하나님께서 그 아들에 대하여 증언하신 증거를 믿지 아니하였음이라 또 증거는 이것이니 하나님이 우리에게 영생을 주신 것과 이 생명이 그의 아들 안에 있는 그것이니라 아들이 있는 자에게는 생명이 있고 하나님의 아들이 없는 자에게는 생명이 없느니라 내가 하나님의 아들의 이름을 믿는 너희에게 이것을 쓰는 것은 너희로 하여금 너희에게 영생이 있음을 알게 하려 함이라.

이 본문은 첫째로 하나님 자신의 말씀을 구원의 확신의 증언으로 제시하고 있습니다. 하나님께서는 아들 예수님에 대하여 증언하셨습니다. 예수님을 믿는 사람은 자기 안에 이 증거를 가지고 있습니다. 만일 하나님 자신의 증언을 우리가 진실로 받아들이지 않는다면 이는 하나님을 거짓말쟁이로 만드는 것입니다. 그 증언의 구체적인 내용은 무엇입니까? 그것은 첫째로, 하나님께서 우리에게 영생을 주신 것이며 둘째로, 그 영생이 아들 예수님 안에 있는 것입니다. 그래서 예수님을 가진 사람은 영생을 가지고 있고, 예수님이 없는 사람에게는 생명이 없는 것입니다. 다시 말하면, 하나님의 아들 예수님을 믿는 사람에게는 영생이 있는 것입니다. 그리고 요한일서는 이 사실을 성도들에게 알려주기 위해서 쓰인 것입니다! 그러므로 이 본문은 분명하게 하나님께서는 예수님을 믿는 사람들에게 영생을 주셨다는 사실을 증거하고 있습니다. 그리고 이 사실을 보증하는 것이 하나님 자신임을 말씀하고 있습니다. 하나님의 약속과 증언보다 더 큰 보증은 없습니다.

성경은 또한 성령님의 증거를 우리 구원의 확신의 근거로 제시합니다. 로마서 8장 15-16절은 성령님께서 우리와 더불어 우리가 하나님의 자녀됨을 증거하신다고 기록하고 있습니다.

너희는 다시 무서워하는 종의 영을 받지 아니하고 양자의 영을 받았으므로 우리가 아빠 아버지라고 부르짖느니라 성령이 친히 우리의 영과 더불어 우리가 하나님의 자녀인 것을 증언하시나니.

갈라디아서 4장 6절도 동일한 가르침을 기록을 하고 있습니다.

너희가 아들이므로 하나님이 그 아들의 영을 우리 마음 가운데 보내사 아빠 아버지라 부르게 하셨느니라.

사람이 하나님을 아버지라고 부르짖는 것은 그냥 할 수 있는 일이 아닙니다. 하나님이 주신 새로운 영을 받았기 때문에 할 수 있는 것입니다. 그리고 성령님께서는 우리의 영과 함께 우리가 하나님의 자녀임을 증거해 주십니다. 성령님의 이러한 증거는 고린도전서 12장 3절에도 기록되어 있습니다.

그러므로 내가 너희에게 알리노니 하나님의 영으로 말하는 자는 누구든지 예수를 저주할 자라 하지 아니하고 또 성령으로 아니하고는 누구든지 예수를 주시라 할 수 없느니라.

사람이 예수님을 주님으로 고백하는 것은 그냥 할 수 있는 것이 아닙니다. 이러한 진심의 고백은 성령님으로 말미암아 되는 것입니다. 다시 말하면, 우리가 진심으로 예수님을 내 인생의 주님으로 고백하고, 또 하나님을 내 아버지로 고백한다면 그것은 성령님의 역사이며, 그것은 우리 구원의 외적인 징표가 되는 것입니다. 다시 말해서 예수님을 진정으로 주님으로 영접한 사람은 성령님께서 거기까지 인도하신 것이며, 또 성령님께서 우리에게 이러한 증언을 주신 것입니다. 그러므로 우리는 우리가 가진 믿음의 고백의 확증을 성령님에게서 얻을 수 있다는 것입니다. 많은 믿음의 선배들은 기도 가운데 성령님의 내적 증거를 얻고 확신 가운데 신앙생활을 해 왔습니다.[25]

또한 성령님의 임재 자체가 우리의 구원을 확증합니다.

그의 성령을 우리에게 주시므로 우리가 그 안에 거하고 그가 우리 안에 거하시는 줄을 아느니라 아버지가 아들을 세상의 구주로 보내신 것을 우리가 보았고 또 증언하노니 누구든지 예수를 하나님의 아들이라 시인하면 하나님이 그의 안에 거하시고 그도 하나님 안에 거하느니라(요한일서 4:13-15).

우리가 예수님의 이름으로 성령님의 임재를 체험하는 것은 또한 우리에게 구원이 있음을 확증해 준다는 것입니다. 그래서 에베소서 1장 13-14절은 성령님을 우리 구원의 보증이라고 부르고 있습니다.

그[그리스도] 안에서 너희도 진리의 말씀 곧 너희의 구원의 복음을 듣고 그 안에서 또한 믿어 약속의 성령으로 인치심을 받았으니 이는 우리 기업의 보증이 되사 그 얻으신 것을 속량하시고 그의 영광을 찬송하게 하려 하심이라.

여기서 기업은 우리가 물려받을 유산과 상속권(inheritance)을 말하는 것입니다. 에베소서 1장은 우리가 예수님을 믿음으로 받을 놀라운 유산에 대해서 말씀하고 있습니다. 이 유산은 물론 우리의 구원을 가리킵니다. 그리고 그 유산 상속권을 보장해주는 인치심(seal)과 보증(deposit)을 주셨는데, 그것이 바로 성령님이신 것입니다. 하나님의 영, 그리스도의 영 성령께서 우리에게 오신 것은 우리가 이미 하나님 나라의 사람임을 보증해 주고 계신 것입니다. 그러므로 우리는 성령님 안에서 또 한 번 분명한 구원의 확신을 얻게 됩니다.[26]

예수님께서도 당신을 믿는 사람들에게 영생이 있음을 말씀해 주셨습니다. 요한복음 5장 24절은 다음과 같이 기록하고 있습니다.

내가 진실로 진실로 너희에게 이르노니 내 말을 듣고 또 나 보내신 이를 믿는 자는 영생을 얻었고 심판에 이르지 아니하나니 사망에서 생명으로 옮겼느니라.

예수님은 이 말씀을 강조하시기 위해서 "진실로 진실로"라는 말씀을 두 번이나 하셨습니다. 그리고 예수님의 말씀을 듣고 예수님을 보내신 하나님을 믿는 사람은 영생을 얻었다고 말씀하십니다. 또한 심판에 이르지 않는다고 말씀하십니다. 그리하여 믿는 자는 사망에서 생명으로 옮겼다고 말씀하십니다.

우리가 잘 아는 요한복음 3장 14-16절의 말씀도 예수님의 동일한 가르침을 기록하고 있습니다.

모세가 광야에서 뱀을 든 것 같이 인자도 들려야 하리니 이는 그를 믿는 자마다 영생을 얻게 하려 하심이니라 하나님이 세상을 이처럼 사랑하사 독생자를 주셨으니 이는 그를 믿는 자마다 멸망하지 않고 영생을 얻게 하려 하심이라.

여기에서 예수님은 당신의 사역이 구약에 나온 모세의 구리뱀과 같은 것임을 가르쳐 주십니다. 민수기 21장에 보면 하나님을 원망하던 이스라엘 백성들은 하나님의 심판을 받아 불뱀들에게 물려서 다 죽게 되었습니다. 그때 모세가 하나님께 간절히 회개와 중보의 기도를 드렸습니다. 그러자 하나님께서는 놋, 즉 구리로 뱀을 만들어 장대 위에 높이 달아서 그 뱀을 보는 사람들을 치유해 살려 주셨습니다. 그 날에 구원받은 사람들은 아무것도 한 일이 없었습니다. 다만 모세의 말을 듣고 하나님의 약속을 믿는 마음으로 그 뱀을 바라본 것 밖에 없었습니다. 이와 같이 예수님도 십자가에서 높이 들리게 되실 것인데, 누구든지 믿음으로 예수님을 바라보는 자마다 영생을 얻게 될 것이라고 예수님은 여기에서 약속하고 계시는 것입니다. 요한복음은 반복해서 이러한 확증을 기록하고 있습니다.[27] 우리 구원의 확증과 확신은 우리가 믿는 대상인 예수님 자신의 약속에 있습니다.

그래서 히브리서 10장 19-22절은 예수님 안에 있는 강력한 구원의 확신을 증거하고 있습니다.

> 그러므로 형제들아 우리가 예수의 피를 힘입어 성소에 들어갈 담력을 얻었나니 그 길은 우리를 위하여 휘장 가운데로 열어 놓으신 새로운 살 길이요 휘장은 곧 그의 육체니라 또 하나님의 집 다스리는 큰 제사장이 계시매 우리가 마음에 뿌림을 받아 악한 양심으로부터 벗어나고 몸은 맑은 물로 씻음을 받았으니 참 마음과 온전한 믿음으로 하나님께 나아가자.

여기에서 성소는 성전 안에 하나님을 뵐 수 있는 구별된 자리입니다. 대제사장 외에는 아무도 들어갈 수 없습니다. 그래서 두꺼운 휘장으로 막아놓았습니다. 그런데 예수님께서 십자가 위에서 피흘려 돌아가실 때, 예수님은 영적으로 자신의 피로 영원한 제사를 드리는 대제사장의 역할을 하신 것입니다. 그리고 그 순간에 성전의 그 휘장이 찢어졌고(마가복음 15:38), 지성소로 들어가는 길이 열리게 되었습니다. 그 길은 예수님을 믿는 사람들이 예수님을 믿음으로 들어갈 수 있는 길입니다. 이제 믿는 사람들은 하나님을 뵐 수 있게 된 것입니다! 얼마나 놀라운 구원의 확신입니까?

이러한 객관적인 근거들 외에도, 성도들의 삶에서 구원받았음을 보여주는 징표들이 있습니다. 정상적인 그리스도인이라면 삶 속에서 믿음의 성장이 나타날 것입니다. 그리고 성령님의 아홉 가지 열매들(갈라디아서 5:22)이 맺어질 것입니다. 이러한 성경의 가르침에 따라 청교도들은 우상을 배격하고, 주님의 일에 열심을 내는 것, 그리고 희생의 십자가를 지는 삶의 모습들을 구원의 외적인 징표들로 강조하기도 했습니다.[28] 또 구원의 확신을 주는 여러 주관적인 체험들도 있을 수 있습니다. 인간으로서는 할 수 없는 일들을 하나님께서 해 주시는 간증 속에서 성도들은 하나님을 체험하고, 또 하나님께서 내게 구원을 주셨음을 확인하기도 합니다.

그러나 이러한 주관적인 감정과 체험들은 우리에게 궁극적이고 지속적인 구원의 확신을 주지 못합니다. 그 체험이나 감정들을 하나님이 주신 것이라 할지라도, 우리의 주관적인 체험과 감정은 변하고, 잘못 해석되기도 하며, 또 기억 속에서 흐려지고 잊히기도 하기 때문입니다. 예를 들어 봅시다. 영국 감리교회의 창시자 가운데 한 사람인 요한 웨슬리는 말씀을 듣는 동안 마음이 이상하게 뜨거워지는 체험을 하면서 예수님만을 의지하는 믿음을 갖게 되었습니다. 그러나 얼마 지나지 않아서 그의 마음속에서는 그 기쁨이 어디에 갔는가 하는 회의감이 느껴졌다고 기록하고 있습니다.[29] 이처럼, 우리의 주관적인 체험은 구원의 확신의 궁극적인 근거는 되지 못합니다.

그래서 베드로전서 1장 23-25절은 강하게 다음과 같이 말씀하고 있습니다.

너희가 거듭난 것은 썩어질 씨로 된 것이 아니요 썩지 아니할 씨로 된 것이니 살아 있고 항상 있는 하나님의 말씀으로 되었느니라 그러므로 모든 육체는 풀과 같고 그 모든 영광은 풀의 꽃과 같으니 풀은 마르고 꽃은 떨어지되 오직 주의 말씀은 세세토록 있도다 하였으니 너희에게 전한 복음이 곧 이 말씀이니라.

이 말씀은 우리에게 묻고 있는 것 같습니다. "당신은 당신이 거듭난 것을 어떻게 아는가?" "당신의 구원을 무엇으로 확증하는가?" "말씀을 들을 때 마음이 뜨거워졌기 때문인가? 기도할 때 눈물이 났기 때문인가? 놀라운 기적이 삶 속에 일어났기 때문인가? 특별한 능력이나 은사를 받았기 때문인가?" 그리고 본문은 우리에게 대답합니다. "그렇지 않다. 이 모든 것들은 일시적인 것일 수 있다. 당신이 거듭난 것은 분명하다. 왜냐하면 당신이 복음을 받아들였기 때문이다. 복음은 하나님의 말씀이다. 하나님의 말씀은 영원하다. 의심하는 당신의 인생보다 영원한 것이 복음이다."

이것은 우리에게 얼마나 놀라운 확증인지 모릅니다. 우리 구원의 확증은 하나님에게 있고 그리고 하나님이 주신 복음의 말씀에 있다는 것입니다. 우리가 믿음으로 받아들인 그 복음에 말입니다.

1) 기독교의 성경은 66권의 작은 책들의 묶음으로 이루어져 있습니다. 그 중에서 창세기로부터 말라기에 이르는 39권은 구약성경이라고 부릅니다. 그리고 마태복음부터 요한계시록까지 27권의 성경은 신약성경이라고 부릅니다. 구약, 신약이라는 말은 옛 약속, 새 약속이라는 뜻입니다. 영어로는 Old Testament, New Testament입니다. 천주교에서는 외경(Apocripha)이라고 해서 다른 책들도 사용하고 있지만, 복음주의 개신교에서는 외경을 성경으로 인정하지 않습니다. 한편, 성경을 성서라고도 부르는데, 성경은 종교의 경전을 나타내는 經자를 사용하여 거룩한 경전이라는 뜻을 강조하는 반면, 성서라는 말은 성경이 책이라는 사실을 나타내는 이름입니다. 성경을 정경(canon)이라고도 부르는데, 정경은 기준이 되는 경전이라는 뜻으로, 교회가 권위를 인정한 기준이 되는 성경이라는 뜻입니다. 여기에서 canon은 원래 갈대로 만든 자를 가리키는 낱말입니다. 성경은 인생과 세계를 재는 기준이 되는 것입니다.

2) 구약성경의 히브리어에서 메시아라는 단어는 기름부음 받은 사람이라는 뜻을 가지고 있습니다. 메시야는 신약성경의 그리스어로는 그리스도로 번역하여 씁니다. 구약시대에는 왕이나 제사장이나 예언자들을 세울 때 머리에 기름을 부었습니다. 따라서 예수님을 기름 부은 자라고 부르는 것은 예수님이 이러한 분임을 말씀하는 것이고, 구체적으로는 구약에서 약속한 메시아임을 나타내는 것입니다. 예수님은 실제로 왕과 제사장과 예언자로서 활동하셨습니다. 그래서 신학에서는 예수님이 담당하신 이 세 가지 직분을 예수 그리스도의 3중직이라고 부

르기도 합니다.

3) 성육신은 한자어로 成肉身, 즉 육신이 되신다는 뜻입니다. 영어로는 incarnation이라고 합니다. 성육신은 하나님의 아들 그리스도께서 인간 예수님으로 오셨다는 것을 가리킵니다. 성육신을 이해하는 데 있어서 두 가지 주의할 점이 있습니다. 하나는, 하나님이 인간의 몸을 빌려 입으신 것이 아니라 참된 인간으로 태어나신 것입니다. 초기 기독교에서는 이러한 오해가 많이 있었습니다. 왜냐하면 그리스적 세계관에서는 흔히 영혼과 육체가 철저히 따로 구별되는 2원론적 가치관을 가지고 있었기 때문입니다. 그러나 기독교는 예수 그리스도께서 참된 인간이 되신 참된 하나님이심을 고백합니다.

4) 대속 혹은 구속(代贖, 救贖, redemption)은 대가를 주고 구원하는 것을 말하고, 속죄(贖罪, atonement)는 죄를 보상한다는 뜻입니다. 이 표현들은 예수님의 죽음이 인간의 죄 값을 치르신 것이며, 이를 통해서 인간을 그들의 죄책(罪責, guilt), 즉 죄의 책임인 죽음과 멸망으로부터 구원하신 것을 가리키는 것입니다. 한 가지 유의할 것은 보상을 받는 주체가 하나님이시라는 사실입니다. 대속과 속죄를 통해서 예수님은 하나님의 공의의 법의 요구를 채우셨습니다. 그리고 하나님의 표준을 만족시키셨습니다. 이 말씀을 드리는 것은, 예수님께서 인간의 죄 값을 사탄에게 치르셨다는 식의 오해가 있기 때문입니다. 사탄은 그럴 권리가 없으며, 예수님의 사역은 사탄과 거래를 하는 것이 아니라 사탄을 멸하시는 것입니다(요한복음 12:31, 요한일서 3:8, 요한계시록 20:10).

5) 성경에는 세 가지 큰 명령이 있습니다. 첫째는 하나님 앞에서 성결하라는 성결대명입니다. 레위기 20장 7절 등 구약성경 전체가 하나님의 거룩하심과 거룩함을 지키는 계명을 강조하고 있습니다. 둘째는 여기에서 말씀한 선교의 대위임(the Great Commission)입니다. 셋째는 마가복음 12장 29-31절 등에 나온 하나님과 이웃을 사랑하라는 사랑의 대계명입니다.

6) 영혼을 구원하는 영적인 사역에 대한 예수님의 강조를 본받아서 복음주의 교회들은 선교와 전도에 가장 큰 힘을 기울이고 있습니다. 그러나 이러한 영적인 사역이 가난한 사람들과 불의와 재난으로 고통받는 사람들에 대한 무관심을 결코 정당화할 수는 없습니다. 주님께서는 이 모든 일을 감당하셨기 때문입니다. 그래서 오늘날 한국의 복음주의 교회들은 사회봉사와 구제에 이전보다 더 큰 부담과 관심을 가지고 있습니다.

7) 신약성경을 보면 하나님께서는 구약시대에도 은혜의 법을 구원의 길로 제시하셨습니다. 그러나 이스라엘이 이 길을 잃어버렸기 때문에 율법을 통한 구원의 길을 제시해 주셨습니다. 책의 후반 "Q&A 사도바울은 율법사 출신인데 율법을 버렸나?"를 읽어보시기 바랍니다.

8) 그러므로 우리는 구약의 피의 제사가 마치 하나님이 동물의 피나 고기를 드시는 것처럼 이해해서는 안될 것입니다. 구약의 피의 제사의 목적은 죄의 무서움을 가르치는 것이고, 죄의 해결방법을 다른 생명의 희생에서 찾을 수 있음을 가르치는 것입니다. 이를 통해서 예수님의 속죄에 대해서 전 이해를 주신 것입니다.

9) 멜기세덱은 신비에 싸인 성경인물입니다. 창세기 14장 18절은 그가 살렘, 즉 예루살렘의 왕이었으며, 하나님의 제사장이었다고 말씀하고 있습니다. 멜기세덱은 아브라함을 축복하였으며, 아브라함도 그에게 제사장의 예우를 하며 십일조를 드렸습니다. 멜기세덱이 제사장이라는 사실이 중요한 것은, 히브리서의 본문에서 예수님을 멜기세덱의 제사장적 계보에 있다고 말씀하기 때문입니다. 다시 말해서 예수님은 대제사장이 되시기에 혈통적으로도 문제가 없으신 분이라는 것입니다. "Melchizedek" *International Standard Bible Encyclopaedia*, Electronic Database Copyright ?1996, 2003, 2006 by Biblesoft, Inc.

10) 히브리서 8장 11절은 이스라엘 민족이 예배장소로 사용하던 성막(聖幕, Tabernacle) 혹은 회막(會幕, Tent of Meeting)이 하늘에 있는 예배장소의 모형이

라고 말씀하고 있습니다. 실제로 요한계시록에 보면 사도 요한은 하나님의 보좌를 환상중에 보게 되는데, 거기에는 제단과 향로(8:5), 일곱 금촛대(2:1), 물두멍에 해당하는 유리바다(4:6) 등 성막의 각종 기물들이 있습니다.

11) 인간의 구원을 이루는 것은 하나님의 은혜이지만, 성경은 또한 인간의 응답을 명령하고 있습니다. 그 명령 가운데 하나가 회개이고 또 하나가 믿음입니다. 회개와 믿음을 합쳐서 회심(converion)이라고도 부릅니다.

12) 사탄이라는 단어의 뜻은 대적자, 원수입니다. 사탄의 기원을 알려주는 성경구절로는 이사야서 14장 12-14절과 에스겔서 28장 12-15절이 있습니다. 이 구절들을 사탄과 연관시켜 이해하는 것은 학자들 사이에 이견이 있기도 합니다. 예수님께서는 십자가에서 사탄의 권세를 깨뜨리셨습니다. 요한복음 12장 31-33절과 골로새서 2장 15절 말씀이 이것을 증거하고 있습니다. 패배한 사탄은 공중의 권세를 빼앗기고 쫓겨나며(요한계시록 12:7-12), 땅으로 내려와 인간을 유혹하고 고발하는 일을 하며(12:10), 후에는 붙잡혀 천 년 동안 감금되고(20:1-3), 최종적으로는 불과 유황의 연못에 던져져서 영원한 심판을 받게 됩니다(20:10). "Satan" *Evangelical Dictionary of Theology*. Copyright 1984 by Baker Books.

13) 통일교에서는 사탄의 유혹과 이브의 범죄를 성적인 관계로 해석합니다. 그러나 이것은 전혀 성경의 근거가 없는 해석입니다. 성경은 이브가 선악과를 먹고 남편에게도 주었다고 기록하고 있습니다.

14) *Bible Knowledge Commentary/Old Testament* Copyright 1983, 2000 Cook Communications Ministries

15) "Sin", Komonchak, Joseph A., Editor, *The New Dictionary of Theology*, (Collegeville, MN: The Liturgical Press) 2000, c1987.

16) 이와 같이 자연 속에서 또 인간의 본성 속에서 하나님이 자신을 드러내신 것을 신학에서 자연계시(natural revelation), 혹은 일반계시(general revelation)라고 부르기도 합니다. 반면 선지자들이나, 예수님을 통해서, 또 기록된 성경을 통해서 하나님께서 자신을 나타내신 것을 특별계시(special revelation)라고 부릅니다. 자연계시와 특별계시의 올바른 관계는 특별계시를 중심으로 자연계시를 이해하는 것입니다. 다시 말해서 하나님의 뜻과 진리를 이해하는 데 있어서 예수님과 성경말씀이 우선적이며 자연계시는 그 보조적인 기능을 하게 됩니다. 복음주의 기독교는 이러한 관점에서 성경을 모든 계시 가운데 최고 권위로 인정합니다. 그리고 다른 계시의 방법들, 즉 자연과학이나 인간의 생각이나 경험이나 전통들을 보조적으로 인정하고 사용합니다. 만일 이 우선순위가 달라지면 전혀 다른 이해를 가져오게 되고, 큰 문제를 일으키게 됩니다. 예를 들어서 이성적이고 합리주의적인 일반계시를 중심으로 하나님을 이해하게 되면 성경에 기록된 영적이고 기적적인 모든 것들은 하나의 이야기에 지나지 않게 됩니다. 이것이 합리주의 신학, 자유주의 신학의 한계이고 문제입니다. 로마 가톨릭의 자연신학도 이러한 문제점을 가지고 있습니다. 자연신학(natural theology)은 특별계시와 일반계시를 같이 인정하는 것인데, 다시 말하자면 일반계시를 통해서도 하나님의 진리를 알 수 있다는 낙관적인 관점입니다. 그러나 복음주의는 이것이 가능하지 않다고 봅니다. 인간의 이성은 타락했기 때문에 인간의 이성만으로 하나님의 진리를 알 수 없다는 것입니다. 그래서 복음주의는 자연계시를 인정하지만 자연신학은 거부합니다. 반드시 특별계시인 성경을 중심으로 자연계시를 추구합니다.

그리고 자연계시와 특별계시와 관련해서 또 다른 문제가 있는데, 그것은 특별계시만을 인정하고 자연계시를 무시하는 문제입니다. 이러한 관점을 우리는 근본주의(Fundamentalism)라고 부르기도 합니다. 근본주의는 19세기 미국에서 합리주의 신학과 진화론을 반대하여 초자연적인 하나님의 기적을 옹호하려는 노력인데, 문제는 이성과 과학을 전체적으로 거부하는 것입니다. 다시 말해서 하나님이 주신 자연계시마저도 인정하지 않습니다. 그 결과 비합리주의에 빠지게 되고 성경에 대한 정당한 연구 마저도 거부하고 개인의 경험과 주관에 따라서 해석하는 결과가 생기게 되었습니다.

그러므로 우리는 특별계시인 성경을 중심으로 모든 다른 지식과 이해를 참고하는 복음주의의 계시이해의 균형을 지켜야 할 것입니다. 이 문제에 대해서 좀 더 알아보려면 저자의 졸저《21세기를 움직이는 신학포인트》제5장 "5변형의 방법론"을 참고하시기 바랍니다.

17) 한국의 개신교회들이 용서와 축복의 복음을 주로 가르치면서 섬김과 거룩한 삶으로 나아가지 못한 것은 교회가 복음을 의도적으로 왜곡했다기 보다는 역사적으로 다양한 제약이 있었다고 생각됩니다. 첫째, 종교개혁자 마틴 루터의 신학의 영향입니다. 루터는 당시 행위구원을 강조하면서 그 연장선상에서 헌금을 받고 죄를 사함 받은 증서인 면죄부(免罪符, indulgence)를 팔던 로마 가톨릭교회를 비판하면서, 인간의 노력으로 하나님의 구원을 얻을 수는 없다는 사실을 강조했습니다. 인간의 노력이 아니라 하나님의 은혜로 구원받는다는 도리를 강조했습니다. 이것은 정상적인 복음의 회복이었습니다. 그러나 이러한 강조점은 상대적으로 믿는 자들의 신앙적 성장과 노력을 약화시키는 면이 있습니다. 한국교회는 보수적이고 복음적인 서양 선교사들의 영향을 받으면서 이러한 복음의 기본을 강조해 왔습니다. 둘째, 고신대학교의 손봉호 교수와 같은 분들은 한국인의 심성이 현세중심적, 가족중심적이며 복을 추구하는 샤머니즘 전통이 강하다는 것을 지적합니다. 한국인들의 이러한 마음 바탕에 기독교 신앙이 들어와 뿌리를 내리면서 자연스럽게 현세적이고 가족중심적인 축복이 강조되었고, 기복적인 성격이 강화되었다고 볼 수 있습니다. 셋째, 한국 기독교가 급성장한 1970-80년대는 우리나라에서 자본주의가 정착하고 산업화와 고도경제성장을 추구한 시기와 맞물리는데, 이 과정에서 자본주의와 한국기독교가 동조한 면이 있습니다. 제3세계 그리스도교 연구소의 김진호 연구원은 한국의 기독교는 한국의 경제성장의 이데올로기로 작용했다고 주장합니다. 이렇게 보면 돈을 중시하고 효율성을 중시하며 도시화를 촉진하는 자본주의적 논리가 한국교회에 걸러지지 않고 수용되어 교회가 물질주의적이고 효율성을 강조하며 대교회주의를 지향한 측면이 있다고 볼 수 있을 것입니다. 넷째, 건강과 번영의 복음을 강조해 온 미국 기독교의 지속적인 영향도 우리는 지적할 수 있습니다. 한국 기독교는 미국교회의 선교를 통해

서 복음화 되고 초기에 큰 도움을 받으며 성장해 온 만큼, 미국식 대중적 기독교의 영향을 받았습니다. 이 외에도 다양한 원인들이 있을 수 있지만, 중요한 것은 이제 한국교회가 신앙적으로 인격적으로 성숙을 추구하고 가르칠 때라는 교회적, 사회적 공감대입니다. 이제 한국 기독교는 복음의 더 깊은 측면인 성화의 복음과 사랑으로 역사하는 믿음의 실천으로 나가야 할 때라고 생각합니다.

18) "Sin" Komonchak, Joseph A., Editor, *The New Dictionary of Theology*, (Collegeville, MN: The Liturgical Press) 2000, c1987.

19) NT:3340 Biblesoft's *New Exhaustive Strong's Numbers and Concordance with Expanded Greek-Hebrew Dictionary*. Copyright ?1994, 2003, 2006 Biblesoft, Inc. and International Bible Translators, Inc.

20) 이 구절에 동의하지 않는 사람들은 예수님의 공로가 우리의 과거와 현재와 미래의 죄까지도 이미 용서하셨기 때문에 한 번 구원받은 사람들은 죄를 고백하거나 회개할 필요가 없다고 주장하기도 합니다. 그러나 주기도문에서 "우리의 죄를 사해 주옵시고" 하는 기도구절은 우리가 기도할 때마다 회개할 필요가 있다는 사실을 명확히 가르쳐 줍니다. 주님의 공로가 우리 과거, 현재, 미래의 죄를 해결하신 것은 분명하지만, 이것은 우리의 죄를 용서하시는 주님의 객관적이고 사법(司法, judicial)적인 근거가 되는 것이며, 우리는 매일 죄의 고백과 회개를 통해서 주님의 공로를 우리의 삶에 적용해 나가는 것으로 봐야 할 것입니다. "confession" *Evangelical Dictionary of Biblical Theology*. Copyright 1996 by Baker Books.

21) Acts 20:21 *UBS New Testament Handbook Series*. Copyright 1961-1997, by United Bible Societies.

22) 김춘근,《와이미》서울: 베드로서원, 2010.

23) John Stott. *Basic Christianity*. London: InterVarsity Press, 1958. 128.

24) Philippians 2:12, *Bible Knowledge Commentary/ New Testament* Copyright 1983, 2000 Cook Communications Ministries.

25) 이러한 관점에서 신학자 Charles Hodge는 그의 조직신학에서 구원의 확신의 근거들을 하나님의 본성, 하나님의 약속, 그리스도의 사역 그리고 성령님의 증거로 정확히 요약하고 있습니다. "Assurance of Salvation", *Dictionary of Christianity in America*, edited by Daniel G. Reid, Robert D. Linder, Bruce L. Shelley and Harry S. Stout. 1990 by InterVarsity Christian Fellowship/USA; published by InterVarsity Press.

26) 웨스트민스터 신앙고백 18조는 구원의 확신을 주는 성령님의 내적 증거를 강조하고 있습니다. 그리고 감리교회의 전통도 창시자 요한 웨슬리의 체험에 영향을 받아서 성령님의 내적 증거를 강조합니다.

27) 요한복음 3:26, 5:24, 6:40, 6:47, 6:54, 10:28,

28) 구원의 이러한 외적 징표들은 Cotton Mather's Menachem이 강조한 것입니다. "Assurance of Salvation," *Dictionary of Christianity in America*, edited by Daniel G. Reid, Robert D. Linder, Bruce L. Shelley and Harry S. Stout. 1990 by InterVarsity Christian Fellowship/USA; published by InterVarsity Press.

29) May 24, 1738, *Journal of John Wesley*, PC Study Bible formatted electronic database Copyright 2003, 2006 by Biblesoft, Inc.